어린이 생물 도서관 10

공룡 사전
The Encyclopedia of Dinosaur

어린이 생물 도서관 10

공룡 사전
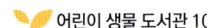
The Encyclopedia of Dinosaur

펴낸날	2023년 8월 28일
지은이	이재혁
펴낸이	조영권
만든이	노인향
꾸민이	ALL contents group
펴낸곳	비글스쿨
등록	2007년 11월 2일(제2022-000115호)
주소	경기도 파주시 광인사길 91, 2층
전화	031-955-1607 팩스 0503-8379-2657
이메일	econature@naver.com
블로그	blog.naver.com/econature
ISBN	979-11-6450-057-4 76450

이재혁 ⓒ 2023

- 이 책의 일부나 전부를 다른 곳에 쓰려면 반드시 저작권자와 비글스쿨 모두에게 동의를 받아야 합니다.
- 비글스쿨은 자연과학 전문 출판사 자연과생태의 어린이 브랜드입니다.
- 잘못된 책은 책을 산 곳에서 바꾸어 줍니다.

어린이제품 안전특별법에 의한 기타 표시사항
세품명 도서 | **세소사명** 비글스쿨 | **세소국명** 한국 | **전화번호** 031-955-1607 | **제조연월** 2023년 8월
사용연령 6세 이상 | **주소** (10881) 경기도 파주시 광인사길 91, 2층
주의사항: 종이에 베이거나 긁히지 않도록 주의하세요. 책 모서리가 날카로우니 던지거나 떨어뜨리지 마세요.

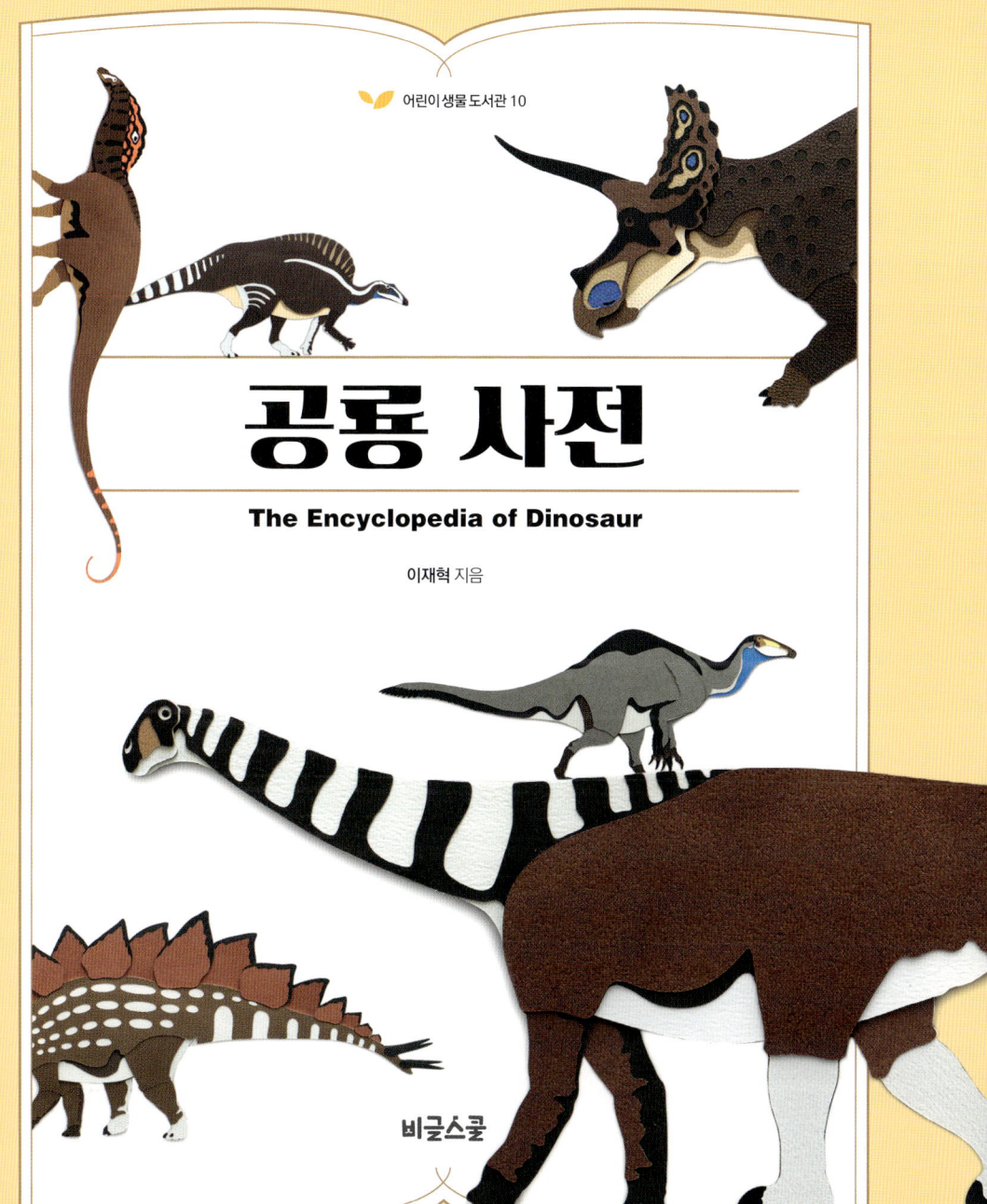

어린이 생물 도서관 10

공룡 사전

The Encyclopedia of Dinosaur

이재혁 지음

비글스쿨

차례

머리말	006
무서운 도마뱀, 공룡	008

트라이아스기 후기

에오랍토르 *Eoraptor*	016	코일로피시스 *Coelophysis*	020
플라테오사우루스 *Plateosaurus*	018	헤레라사우루스 *Herrerasaurus*	022

쥐라기

스켈리도사우루스 *Scelidosaurus*	026	에우로파사우루스 *Europasaurus*	048
헤테로돈토사우루스 *Heterodontosaurus*	028	케라토사우루스 *Ceratosaurus*	050
딜로포사우루스 *Dilophosaurus*	030	알로사우루스 *Allosaurus*	052
메갈로사우루스 *Megalosaurus*	032	토르보사우루스 *Torvosaurus*	054
켄트로사우루스 *Kentrosaurus*	034	구안롱 *Guanlong*	056
스테고사우루스 *Stegosaurus*	036	앙키오르니스 *Anchiornis*	058
티아니울롱 *Tianyulong*	038	아르카이옵테릭스 *Archaeopteryx*	060
카마라사우루스 *Camarasaurus*	040	이 *Yi*	062
디플로도쿠스 *Diplodocus*	042	킬레사우루스 *Chilesaurus*	064
브라키오사우루스 *Brachiosaurus*	044	+ 뼈 전쟁	066
아파토사우루스 *Apatosaurus*	046	+ 너의 색깔은	067

백악기

이구아노돈 Iguanodon	070
오우라노사우루스 Ouranosaurus	072
코레아케라톱스 Koreaceratops	074
프시타코사우루스 Psittacosaurus	076
보레알로펠타 Borealopelta	078
아마르가사우루스 Amargasaurus	080
아크로칸토사우루스 Acrocanthosaurus	082
유티란누스 Yutyrannus	084
콩카베나토르 Concavenator	086
데이노니쿠스 Deinonychus	088
미크로랍토르 Microraptor	090
우타랍토르 Utahraptor	092
+ 정말 무리 지어 사냥했을까?	094
+ 뜨겁든 차갑든 활발한 동물	095
시노사우롭테릭스 Sinosauropteryx	096
카우딥테릭스 Caudipteryx	098
바리오닉스 Baryonyx	100
니게르사우루스 Nigersaurus	102
파라사우롤로푸스 Parasaurolophus	104
람베오사우루스 Lambeosaurus	106
마이아사우라 Maiasaura	108
+ 백악기의 관악기	110
+ 알을 깨고 세상으로	111
스테고케라스 Stegoceras	112
파키케팔로사우루스 Pachycephalosaurus	114
프로토케라톱스 Protoceratops	116
스티라코사우루스 Styracosaurus	118
파키리노사우루스 Pachyrhinosaurus	120
트리케라톱스 Triceratops	122
카스모사우루스 Chasmosaurus	124
+ 창과 방패?	126
+ 있다? 없다?	127
안킬로사우루스 Ankylosaurus	128
코레아노사우루스 Koreanosaurus	130
아르겐티노사우루스 Argentinosaurus	132
갈리미무스 Gallimimus	134
데이노케이루스 Deinocheirus	136
벨로키랍토르 Velociraptor	138
부이트레랍토르 Buitreraptor	140
할스즈카랍토르 Halszkaraptor	142
오비랍토르 Oviraptor	144
테리지노사우루스 Therizinosaurus	146
스피노사우루스 Spinosaurus	148
기가노토사우루스 Giganotosaurus	150
타르보사우루스 Tarbosaurus	152
메가랍토르 Megaraptor	154
카르노타우루스 Carnotaurus	156
티라노사우루스 Tyrannosaurus	158
+ 활발한 사냥꾼? 시체 청소부?	160
+ 화가 난 공룡이 크게 울부짖었다?	161

공룡의 끝	162
혹은 현재 진행형	163
새 Aves	164
모아보기	166
찾아보기	174
참고자료	176

과거 지구 지배자의 세계로 초대합니다

1824년, 메갈로사우루스가 학명을 얻어 고생물학계에 보고되면서 공룡 연구는 시작됐어요. 대다수 공룡처럼 이미 사라진 존재들을 연구하지만 고생물학이야말로 살아 숨 쉬는 학문이에요. 지난 200년 동안 끊임없이 몰랐던 사실이 밝혀졌거든요. 이 책을 쓰는 동안에도 새로운 연구가 쏟아져 나왔고 기존 학설이 반박되기도 했죠. 이런 과정을 거쳐 온 덕분에 우리는 이제 공룡의 실제 모습을 90% 가까이는 파악할 수 있어요. 일부지만 공룡의 색깔도 알 수 있고요. 공룡이 어떻게 살다가 죽었는지 그럴듯한 청사진도 그릴 수 있죠. 물론 여전히 모르는 것이 많지만 기술이 점점 발달하고 있으니 지금까지 그래 왔듯 차차 밝혀질 거예요.

우리나라에서 공룡은 어린이만 좋아하는 유치한 존재로 여겨지고는 해요. 그러나 공룡은 약 1억 3,500만 년 동안이나 지구를 지배했다는 점만으로도 대단히 연구 가치가 있는 존재예요. 인류가 출현한 지는 600만 년 남짓이라는 점과 비교해 보면 더욱 그렇죠. 변화무쌍한 지구에서 그렇게 오랫동안 성공적으로 적응한 공룡을 연구하다 보면 기후 위기 시대를 살아가는 우리에게 필요한 답을 얻을 수도 있을지 몰라요. 또한 현존하는 새가 공룡이라는 사실이 밝혀지면서 진화 관점에서 매우 중요한 생물이기도 하고요.

한국은 세계적으로도 희귀한 공룡 발자국과 생흔(생활 흔적이 있는) 화석 라거슈타트(보존 상태가 뛰어난 화석이 많이 발견되는 곳)가 있는 나라예요. 그러니만큼 공룡은 그저 어린이만이 좋아하는 생김새가 독특한 캐릭터 같은 존재가 아니라 누구나가 공부해 볼 만한 가치가 있는 생물이라는 인식이 널리 퍼지면 좋겠어요.

  어릴 적 제 꿈은 고생물학자였어요. 자라면서 더욱 적성에 맞는 미술을 전공했지만 공룡을 좋아하는 마음만큼은 변하지 않았죠. 이 책은 오랫동안 품어 온 그 마음의 결과물이에요. 흥미롭고 신비한 이야기를 잔뜩 짊어진 이 책 속의 종이 공룡들이 어린이는 물론 여전히 공룡을 좋아하는 청소년, 어른 독자에게 전해 주면 좋겠어요. 생김새와 이름은 바뀌었지만 새로서 여전히 지구에 존재하는 공룡처럼 꿈은 아무리 시간이 흘러도 우리 안에 살아 있기에 포기하지 않고 계속 나아가기를 바란다고요.

2023년 8월 이재혁

> **일러두기**
> - 공룡 66종과 살아남은 공룡인 새에 관한 이야기를 담았습니다.
> - 본문은 지금까지 밝혀진 사실에 따라 크게 시기별, 작게 무리별로 나눴습니다. 다만 같은 시기, 같은 무리에 속한 종의 순서는 생존 연도 순이 아닙니다.
> - 공룡 이름은 일부 표준국어대사전에 올라 있는 경우를 제외하고는 라틴어 표기법에 따라 썼습니다.
> - 공룡 연구는 지금도 활발히 진행되고 있어 앞으로 나올 연구 결과에 따라 시기, 무리, 종 정보가 달라질 수 있습니다.

무서운 도마뱀, 공룡

옛날 사람들은 종종 깊은 땅속에서, 단단한 바위 속에서 동물 뼈 같은 것을 발견했어요. 그런데 이런 뼈는 어딘가 달랐어요. 바위처럼 단단했고 너무나 거대했고 일부는 그 어떤 현생 동물의 뼈와도 닮지 않았어요. 그래서 사람들은 비어 있는 뼈 사이를 상상력으로 채워 넣었어요. 불을 뿜는 용의 전설과 보물을 지키는 그리핀, 인간보다 몇 배는 거대한 거인의 이야기는 이렇게 탄생했죠. 옛날 사람들은 알지 못했지만 그들이 발견한 뼈는 아득한 옛날 이 지구를 지배했던 어떤 동물 무리의 뼈였어요. 사람들이 이 뼈의 정체를 알게 된 것은 그 후로 오랜 시간이 지난 후였죠. 뼈의 주인은 무서운 도마뱀(Dinosaur) 공룡이었어요.

지구를 지배했던 파충류

공룡은 약 2억 4,000만 년 전인 트라이아스기 후기에 처음 지구에 나타나 백악기 말인 약 6,600만 년 전에 거의 사라진 파충류 집단이에요. 현재도 많은 파충류가 살고 있듯 공룡이 살던 시대에도 하늘을 날아다니던 익룡과 바다를 지배하던 어룡과 수장룡, 모사사우루스 종류가 있었으며 고대의 악어와 거북, 뱀과 도마뱀이 살고 있었어요. 그러나 공룡은 몇 가지 해부학적 특징으로 이들과 구별되죠.

공룡은 다리가 옆으로 벌어진 현재 파충류와 달리 다리가 아래로 곧게 뻗었어요. 모두 발가락으로 걸어 다녔고 일부는 이족 보행에도 능숙했어요. 공룡 넙다리뼈(엉덩 관절부터 무릎 관절 사이를 이어 주는 뼈)는 골반뼈 구멍에 딱 맞아 들어가도록 끝이 안쪽으로 휘었으며 관절 부분이 공 모양이에요. 그리고 마치 퍼즐처럼 다리뼈가 맞아 들어가는 골반뼈의 관골(몸통과 다리를 연결하는 큰 뼈)은 양쪽이 모두 뚫려 있죠. 공룡과 혼동되고는 하는 익룡과 수장룡, 모사사우루스 종류는 골반뼈 관골에 구멍이 뚫려 있지 않아요.

대부분 공룡은 현재 파충류처럼 피부가 비늘이나 가죽 같은 딱지로 덮여 있었고,

일부는 현재 새처럼 깃털과 부리가 있었죠. 공룡 연구가 막 시작됐을 무렵에 사람들은 공룡이 현생 파충류처럼 굼뜨고 피가 차가운 동물이라 생각했지만 연구가 거듭될수록 공룡은 재빠르고 활발하며 대개 피가 뜨거운 동물이라는 사실이 밝혀지고 있어요.

도마뱀의 골반, 새의 골반

공룡은 골반 모양에 따라 크게 용반목과 조반목으로 나눌 수 있어요. 용반목(龍盤目)은 도마뱀의 골반이라는 뜻처럼 골반이 도마뱀과 꼭 닮았어요. 조반목(鳥盤目)은 새의 골반이라는 뜻이며 역시 골반이 새와 닮았고요. 그러나 현재의 새는 조반목이 아닌 용반목 공룡에 속해요. 다만 여전히 연구가 활발하게 진행되고 있어서 공룡 분류는 언제든 달라질 수 있어요.

고대 파충류 골반뼈 비교

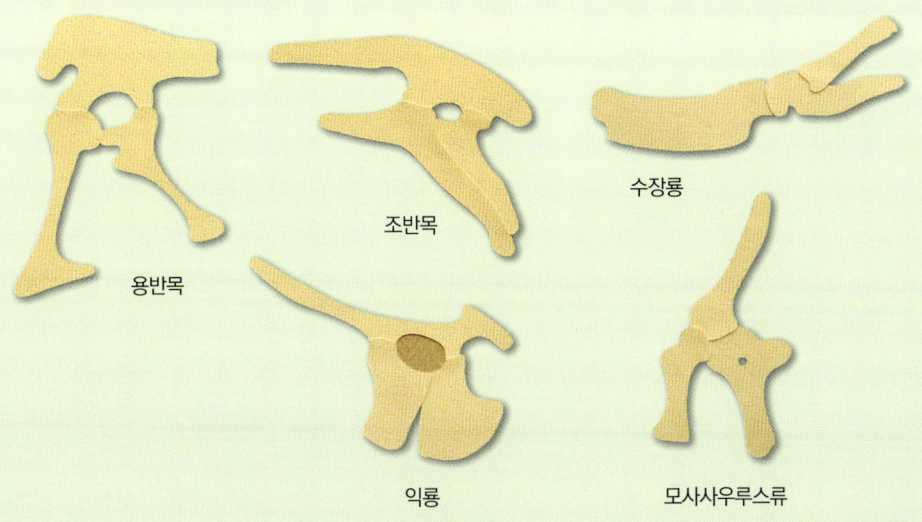

공룡 분류

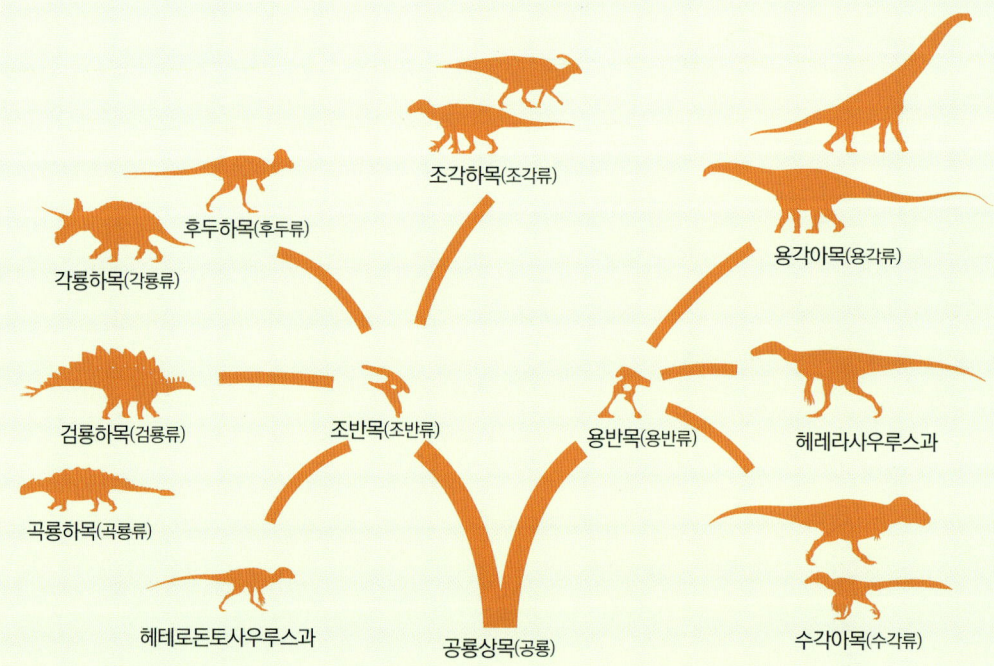

*조반목(조반류) 세부 분류 참고
 각각아목(Cerapoda, 角脚亞目): 조각하목, 후두하목, 각룡하목 포함
 주식두류(Marginocephalia, 周飾頭類): 후두하목, 각룡하목 포함
 장순아목(Thyreophora, 裝盾亞目): 검룡하목과 곡룡하목 포함
*초기 용반류인 헤레라사우루스과의 분기도 위치는 후속 연구에 따라 언제든 달라질 수 있어요.

대멸종 뒤에 시작된 영광

　약 2억 5,190만 년 전, 지구 내부는 조용히 요동치고 있었어요. 단단한 지각 밑에서 맨틀은 엄청난 압력을 견디고 있었고 마그마는 지상에 용암으로 뿜어져 나올 기회를 엿보고 있었죠.

　마침내 지금은 시베리아인 땅에서 무시무시한 화산 활동이 시작됐어요. 인간은 겪어 보지 못한 수준의 대재앙이었죠. 화산은 100만 년 이상 분화했어요. 오늘날 유럽 면적과 맞먹는 크기의 땅이 두꺼운 용암에 덮였죠. 대지는 불타오르고 막대한 유독 가스와 이산화탄소가 뿜어져 나왔어요. 엄청난 화산재가 햇빛을 가려 식물은 더 이상 광합성을 하지 못했어요. 이산화탄소 농도가 높아지며 기온이 오르고 바다는 산성으로 변했어요. 수많은 생물이 질식하고 굶주리며 죽어 갔죠. 해양 생물이 특히 큰 타격을 입었어요. 고생대를 대표하던 삼엽충과 바다전갈이 완전히 멸종했으며 생물 다양성이 크게 쇠퇴했어요. 모든 과의 약 57%, 모든 속의 약 83%, 육상 척추동물의 약 70%, 해양 생물의 80~96%가 사라졌죠. 이 사건을 페름기 대멸종이라고 불러요.

페름기 대멸종으로 비어 버린 지구는 비록 수백만 년이 걸렸지만 다양성을 회복하기 시작했어요. 이 시기를 트라이아스기라고 해요. 이때는 지금보다 훨씬 더웠으며, 당시 세계는 거의 모든 육지가 하나로 합쳐진 초대륙 판게아로 이루어져 있었기에 기후도 오늘날과 많이 달랐어요. 건조한 사막과 덥고 습한 열대 우림이 공존했으며 양쪽 극지방은 따뜻했어요. 심지어 200만 년 동안 비가 온 적도 있었죠. 트라이아스기 초반에는 돼지를 닮은 기묘한 초식성 단궁류인 리스트로사우루스가 지구를 지배했어요. 이들이 이렇게 번성한 이유는 정확히 알 수 없지만 육상 동물의 최대 95%가 리스트로사우루스였던 곳도 있었죠. 그러나 영광은 오래가지 못했어요. 막강한 경쟁자인 지배파충류가 등장했거든요.

지배파충류는 엉거주춤하게 다리를 옆으로 벌리고 있던 단궁류와는 달리 다리가 몸통 아래로 곧게 뻗어 있어 걷거나 뛸 때 폐가 눌리지 않았어요. 단궁류보다 재빠르고 효율적으로 움직일 수 있어 극단적인 당시 기후 환경에도 빠르게 적응할 수 있었죠. 매우 번성하며 다양한 종으로 분화해 가던 과정에 발가락으로 걷고 이족 보행에 능숙했던 지배파충류 집단에서 공룡과 닮은 무리인 공룡형류가 등장했어요. 그리고 약 2억 4,000만 년에서 2억 3,000만 년 전 어느 날, 이 무리에서 드디어 진정한 공룡이 생겨났죠. 초기 공룡은 대부분 개의 한 종류인 골든리트리버만 했어요. 당시 지구를 점령하던 지배파충류는 지금의 악어 친척인 거대한 위악류였기에 작고 보잘것없던 초기 공룡은 이들을 피해 다니는 신세였죠.

그러다 약 2억 140만 년 전, 지구가 한 번 더 요동쳤어요. 페름기 대멸종과 유사한 대규모 화산 폭발이 일어났고 기후 변화가 극심해졌어요. 바다는 산성으로 변했고 산소는 감소했죠. 해양 생물의 23~34%, 육상 네발 동물의 약 42%가 멸종했어요. 육지에 살던 지배파충류는 특히 심각한 타격을 입었어요. 늘 그렇듯 어떤 무리의 멸종이 다른 무리에게는 기회가 되죠. 거대한 지배파충류가 멸종하며 비어 버린 생태계를 초기 공룡이 빠르게 채워 갔어요. 그렇게 공룡은 이후 약 1억 3,500만 년 동안 지배종으로서 지구에 군림했어요.

공룡 시대

공룡이 살았던 중생대는 크게 트라이아스기, 쥐라기, 백악기로 나눌 수 있어요.

● 트라이아스기(약 2억 5,190만 년~2억 140만 년 전)

독일 남부에 퍼져 있는 각기 색이 다른 암석층 3개에서 이름을 따왔어요. 페름기 대멸종 이후 환경이 회복되던 때이자 중생대의 시작이며 공룡 시대에서 가장 짧은 시기죠. 대체로 기후가 건조했으나 적도 부근에서는 강력한 몬순이 발생하기도 했어요. 지구의 양쪽 극지방은 아직 따뜻했고요. 흔히 트라이아스기를 공룡 시대의 시작점이라 여기지만 사실 이 시기의 진짜 지배자는 위악류였어요. 몸길이가 5m가 넘는 포스토수쿠스와 사우로수쿠스 같은 거대 포식자와 아이토사우루스 같은 초식성 위악류가 살았어요. 이 무렵 공룡은 대부분 크기가 1~2m밖에 되지 않았고 트라이아스기 후기에야 코끼리만 한 초식 공룡이 등장했어요. 바다에서는 수장룡과 어룡이, 하늘에서는 익룡이 나타났죠.

● 쥐라기(약 2억 140만 년~1억 4,500만 년 전)

트라이아스기와 구별되는 지층이 발견된 프랑스-스위스 국경의 쥐라산맥에서 이름을 따왔어요. 트라이아스기 초대륙 판게아는 쥐라기에 이르러 지금의 유럽과 아시아, 북아메리카를 포함한 로라시아 대륙과 지금의 남아메리카, 오세아니아, 남극과 인도를 포함한 곤드와나 대륙으로 쪼개졌어요. 오늘날보다 평균 기온이 5~10도 더 높았으며 이산화탄소도 4배 더 많았던 이 무렵은 겉씨식물의 시대였어요. 소철과

은행나무, 침엽수가 매우 번성했죠. 공룡도 이 시기부터 커지고 다양해지기 시작했어요. 우리가 공룡하면 흔히 떠올리는 거대하고 목이 긴 용각류도 이때부터 번성했죠. 최초의 새가 등장했으며 공룡의 그늘 속에서 초기 포유류도 살아갔어요. 내내 온난하던 기후는 쥐라기 말에 이르러 추워졌어요. 공룡도 새로운 환경에 적응해야 할 때가 온 거죠.

● 백악기(약 1억 4,500만 년~6,600만 년 전)

중생대에서 가장 긴 시기이며 신생대 전체보다도 기간이 길어요. 해수면이 높아지고 얕은 내해가 많이 발달한 덕분에 해양 생물이 번성했어요. 그중에서도 유공충처럼 석회질 껍데기로 덮인 해양 플랑크톤이 많이 퍼졌죠. 유공충 잔해가 쌓여 유럽 북서부에 새하얀 석회암층인 백악이 만들어졌어요. 백악기는 바로 여기서 이름을 따왔어요.

곤드와나 대륙은 다시 남아메리카, 남극, 호주, 아프리카로 쪼개졌어요. 로라시아 대륙은 북아메리카와 아시아가 분리되고 유럽은 얕은 바다와 섬으로 이루어졌죠. 백악기 초기에는 기온이 내려가며 고위도 지방에는 눈이 내리기도 했으나 시간이 지날수록 기온이 올라가 지구는 다시 온난해졌어요. 꽃과 열매가 열리는 속씨식물이 크게 번성했고 그에 따라서 곤충도 무척 다양해졌어요.

공룡의 다양성도 이때 절정에 이르죠. 영화 〈쥬라기 공원〉에 나온 공룡도 사실 대부분이 백악기 공룡이에요. 백악기 말, 바다에서는 모사사우루스류가 번성했지만 어룡은 멸종했고 익룡은 점점 크기가 커져 날개 폭이 10m를 넘기도 했죠. 새도 종류가 매우 다양해져서 날지 못하는 새와 바다에서 잠수하는 새도 등장했어요. 포유류는 대부분 크기가 작았지만 생각보다 잘 지내고 있었고요.

The Encyclopedia of
Dinosaur

트라이아스기 후기

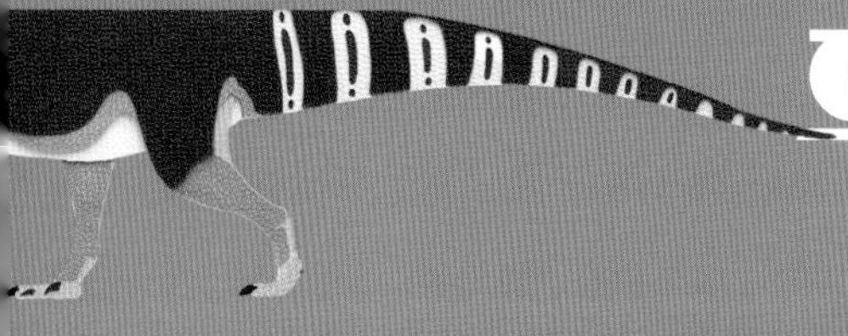

Eoraptor　　　Plateosaurus　　　Coelophysis　　　Herrerasaurus

에오랍토르 플라테오사우루스 코일로피시스 헤레라사우루스

트라이아스기 후기 | 용반목 용각아목
에오랍토르 *Eoraptor*

몸길이 1~1.7m, 몸무게 5~10kg으로 추정해요. 지금으로 치면 다 자란 골든리트리버보다 작지요. 뒷다리가 길고 곧아서 재빠르게 움직였을 거예요. 앞다리 길이는 뒷다리의 절반 정도였어요. 앞발에는 사람처럼 발가락이 5개 있었지만 2개는 거의 퇴화해 쓸 수가 없었어요. 대신 나머지 발가락에는 길고 날카로운 발톱이 달려 있어서 먹잇감을 잘 붙잡을 수 있었을 거예요. 그러나 후대 수각류와 달리 아래턱에 평면 관절(미끄럼 운동만 일어나는 관절)이 발달하지 않아 큰 먹잇감을 물어 뜯을 수는 없었죠. 초기 여러 공룡의 특징이 섞여 있었어요. 수각류처럼 뒷다리가 길고 날렵하며 발톱이 날카롭고 위턱에 난 이빨도 구부러진 톱날 모양이었어요. 한편 커다란 콧구멍과 아래턱에 난 나뭇잎 모양 이빨을 보면 용각류와 비슷해요. 공룡 중에서 보기 드문 이형치였죠. 이런 특징 때문에 연구 초기에는 수각류인지 용각류인지 분류하기가 쉽지 않았지만 현재는 용각류에 더 가까운 공룡으로 여기고 있어요. 2022년, 초기 공룡 11종의 이빨을 3D 모델링해서 힘을 가했을 때 나타나는 충격 분산 양상을 바탕으로 해당 종의 식성을 알아보는 연구가 진행됐어요. 에오랍토르는 이빨이 좁고 굽어 있어 충격을 고르게 분산하지 못했어요. 이는 육식성이었다는 뜻이에요. 에오랍토르 같은 초기 용각류는 후대 용각류처럼 풀이 아니라 고기를 먹었던 거죠.

1991년, 아르헨티나 달의 계곡에서 산후안대학과 시카고대학의 합동 현장 조사가 이루어졌어요. 당시 대학생으로 조사에 참여했던 고생물학자 리카르도 마르티네즈가 처음 화석을 발견했어요. 1993년, 고생물학자 폴 세레노와 그의 팀이 '새벽의 약탈자'라는 뜻인 에오랍토르라고 이름을 지었어요.

트라이아스기 후기 | 용반목 용각아목

플라테오사우루스 *Plateosaurus*

몸길이 최대 10m, 몸무게 최대 4t으로 추정해요. 공룡 대표 무리이자 가장 거대한 육상 동물이었던 용각류의 초기 구성원이에요. 지금의 서유럽 지역에서 매우 번성했어요. 유럽 전역에서 100개 이상 화석이 발견됐으며, 특히 독일에서는 온전한 화석도 많이 나왔어요. 길고 유연한 목에 작은 머리가 달려 있었어요. 초식 공룡답게 나뭇잎 모양 이빨이 촘촘하게 나 있었고요. 질긴 식물도 잘라 낼 수 있을 만큼 턱은 강했죠. 눈은 사방을 두루 살필 수 있도록 얼굴 옆면에 있어서 포식자를 피하는 데에 도움이 됐죠. 손 같은 앞발은 짧고 근육질로 매우 단단했으며, 뼈 구조 때문에 발바닥이 아래로 향할 수 없었죠. 앞발에는 발톱이 3개 달려 있었고 그중 엄지발톱이 특히 컸어요. 날카로운 발톱은 먹이 식물을 긁어모으거나 몸을 지킬 때 썼을 거예요.

몸집이 거대하지만 이족 보행을 했어요. 일부 화석에 공기주머니(기낭) 흔적이 있어서 새와 폐 구조가 비슷했으리라 추정해요. 공기주머니 덕분에 다 자라도 몸집에 비해 몸무게가 덜 나갔고, 몸을 효과적으로 지탱할 수 있었기에 무리 없이 이족 보행을 할 수 있었을 거예요. 또한 몇몇 화석에는 오늘날 일부 새나 파충류처럼 공막고리뼈(눈 안의 고리 모양 뼈)가 남아 있어요. 이것으로 미루어 보면 플라테오사우루스는 한낮이나 한밤이 아니라 어스름할 때 돌아다녔을(훈행성) 가능성이 있어요.

1834년, 의사 요한 프리드리히 엥겔하르트가
독일 뉘른베르크 근처에서 커다란 척추와 다리뼈 화석을 발견했어요.
고생물학자 리처드 오언이 공식적으로 공룡이라는 이름을
사용하기 전인 1837년에 고생물학자 헤르만 폰 마이어가
'평평한 도마뱀' 또는 '넓은 도마뱀'이라는 뜻인
플라테오사우루스라고 이름을 지었어요.
헤르만 폰 마이어가 어원을 기록해 놓지 않아
왜 플라테오사우루스라고 이름을 지었는지는 정확히 알 수가 없어요.
다만 남아 있는 자료를 바탕으로 보면 납작한 이빨과
넓고 강한 다리뼈에서 따온 것 같아요.

플라테오사우루스

트라이아스기 후기 | 용반목 수각아목
코일로피시스 *Coelophysis*

1881년, 뉴멕시코 북서부에서 화석 수집가 데이비드 볼드윈이
처음 화석을 발견했어요. 볼드윈은 그의 상사 에드워드 드링커 코프에게
화석을 전해 줬어요. 코프는 이 화석을 보고 코일루루스(코엘루루스)의 일종이라 생각했어요.
그러다 1889년에 속이 빈 척추 화석을 보고 '속이 빈 형태'라는 뜻인
코일로피시스라고 이름을 지었어요.
우리나라에서는 코엘로피시스라고도 해요.

몸길이 최대 3m, 몸무게 20kg 남짓으로 작고 호리호리한 수각류예요. 긴 주둥이 속에는 날카롭고 구부러지는 톱날 모양 이빨이 가득했어요. 앞발에 달린 4개 발가락 중에서 1개는 살 속에 파묻혀 아무런 기능을 하지 못했어요. 나머지 발가락 3개에는 날카로운 발톱이 있었고요. 화석에 남아 있는 공막고리뼈(눈 안의 고리 모양 뼈)로 미루어 보면 지금의 독수리만큼 시력이 좋았을 거예요. 또한 두 눈이 정면을 향하고 있어 재빠르게 먹잇감을 쫓을 수 있었을 거고요.

1947년, 미국 고생물학자 에드윈 콜버트가 뉴멕시코주 고스트랜치에서 1,000마리쯤 되는 코일로피시스의 화석을 발견했어요. 이것은 1,000여 마리가 한 장소에 머물렀다는 뜻이므로 코일로피시스가 거대한 무리를 이루고 살았던 공룡이라고 보는 시각도 있어요. 그러나 이런 의견을 뒷받침할 만한 직접 증거는 없어요. 그보다는 물을 마시거나 알을 낳고자 한곳에 모였다가 돌발 홍수처럼 갑작스레 일어난 자연 재해로 떼죽임당했을 가능성이 더 커 보여요.

고스트랜치에서 발견된 일부 화석의 뱃속에는 어린 개체의 뼈도 들어 있었어요. 이 때문에 한동안 코일로피시스에게는 동족을 잡아먹는 잔인한 공룡이라는 오명이 따라다녔죠. 그러나 뱃속에 있던 어린 개체의 뼈에는 소화된 흔적이나 이빨 자국처럼 먹힌 자국은 전혀 없었어요. 그저 수많은 개체가 한꺼번에 죽어 포개진 결과일 뿐이었죠.

코일로피시스

트라이아스기 후기 | 용반목 헤레라사우루스과
헤레라사우루스 *Herrerasaurus*

; 1959년, 아르헨티나 이치괄라스토 언덕에서
염소 목장 주인 빅토리노 에레라가 처음 화석을 발견했어요.
1963년에 고생물학자 오스발도 레이그가 화석을 발견한
에레라를 기리며 '에레라의 도마뱀'이라는 뜻인
헤레라사우루스라고 이름을 지었어요.

몸길이 3~6m, 몸무게 최대 350kg으로 추정해요. 머리뼈는 최대 56cm에 이르렀고 날카로우며 뒤로 굽은 톱날 모양 이빨이 가득했어요. 종아리보다 짧은 허벅지, 뻣뻣한 꼬리로 미루어 보면 재빨리 달릴 수 있었을 거예요. 앞다리 길이는 뒷다리의 절반 정도였고 앞발에는 길고 날카로운 발톱이 3개 달려 있었어요. 사냥꾼 자질을 두루 갖추고 있었지만 당시 주요 포식자는 아니었어요. 헤레라사우루스가 살았던 트라이아스기 후기 남아메리카에는 몸길이가 7m가 넘었던 지배파충류 사우로수쿠스도 살고 있었거든요.

헤레라사우루스는 화석이 처음 발견됐을 때만 해도 많은 특징이 초기 수각류와 비슷해 카르노사우리아 종류로 여겨졌어요. 그러나 나중에 발견된 온전한 머리뼈는 지배파충류에 가까웠고, 보존 상태가 좋은 골반뼈의 관골(몸통과 다리를 연결하는 큰 뼈)을 보니 공룡처럼 양쪽이 완전히 뚫려 있지 않았어요.

이런 특징을 들어 어떤 고생물학자들은 헤레라사우루스가 용각류와 수각류가 나뉘기 전 그 사이에 있던 공룡이라고 주장하기도 했어요. 이후 에오드로마이우스와 타와처럼 명백하게 초기 수각류로 분류되는 공룡이 발견되면서부터는 심지어 헤레라사우루스를 공룡으로 보기 어렵다는 의견이 나오기도 했어요. 지금까지 밝혀진 사실에 따르면 헤레라사우루스는 후손을 남기지 못한 채 수각류에게 자리를 내어 준 초기 용반류 공룡으로 볼 수 있어요.

The Encyclopedia of Dinosaur

쥐라기

Scelidosaurus　　　　Kentrosaurus　　　　Diplodocus　　　　　Ceratosaurus　　　　Anchiornis
Heterodontosaurus　　Stegosaurus　　　　　Brachiosaurus　　　Allosaurus　　　　　 Archaeopteryx
Dilophosaurus　　　　Tianyulong　　　　　 Apatosaurus　　　　Torvosaurus　　　　 Yi
Megalosaurus　　　　 Camarasaurus　　　　Europasaurus　　　 Guanlong　　　　　　Chilesaurus

스켈리도사우루스	켄트로사우루스	디플로도쿠스	케라토사우루스	앙키오르니스
헤테로돈토사우루스	스테고사우루스	브라키오사우루스	알로사우루스	아르카이옵테릭스
딜로포사우루스	티아니울롱	아파토사우루스	토르보사우루스	이
메갈로사우루스	카마라사우루스	에우로파사우루스	구안롱	킬레사우루스

쥐라기 초기 | 조반목 장순아목

스켈리도사우루스 *Scelidosaurus*

; 1850년대, 영국 남서부 도싯 지방의 블랙 벤 절벽에서
처음 발견된 화석은 고생물학자 리처드 오언에게 보내졌어요.
1859년에 오언은 전해 받은 뒷다리 화석을 보고
'뒷다리 도마뱀'이라는 이름을 지어 주려 했어요.
그런데 그만 그리스어로 뒷다리를 뜻하는 스켈로스를
소갈비라는 뜻인 스켈리스와 헷갈리고 말았어요.
그 바람에 '소갈비 도마뱀'이라는 뜻인 스켈리도사우루스라는
이름이 생겼어요.

몸길이 약 3.8m, 몸무게 약 270kg으로 추정해요. 뼈로 이루어진 갑옷 같은 골판과 골편이 있는 공룡 무리 장순아목의 초기 구성원이에요. 2000년에 거의 온전한 상태로 발견된 화석 덕분에 골편을 제대로 연구할 수 있었어요. 골편은 줄지어 나 있었고 일부는 제법 커다랗고 가시처럼 튀어나와 있었죠. 크고 작은 골편 사이에는 독도마뱀처럼 서로 겹치지 않고 둥글며 납작한 비늘이 가득했어요. 골편 생김새를 보면 스켈리도사우루스는 안킬로사우루스가 속한 곡룡류에 가깝지만 아직 백악기 곡룡류처럼 뼈 갑옷이 완전하게 발달하지는 못했어요. 그래도 쥐라기 초기 포식자들에 맞서 몸을 지키기에는 충분했을 거예요.

1861년, 전해 받은 화석을 연구하던 오언은 스켈리도사우루스가 바닷가에 살며 물고기를 잡아먹었으리라 여겼죠. 그러나 스켈리도사우루스는 초식 공룡이었어요. 보통 네 발로 걸었지만 발자국 화석을 보면 두 발로도 걸을 수 있었을 것 같아요.

영국뿐만 아니라 바다 건너 미국 애리조나주에서도 스켈리도사우루스로 추정되는 공룡의 화석이 발견됐어요. 다만 지금까지 연구에 따르면 장순아목에 속한 다른 공룡일 수도 있어 아직 이 화석에 이름을 붙이지는 않았어요.

스켈리도사우루스

쥐라기 초기 | 조반목 헤테로돈토사우루스과
헤테로돈토사우루스 *Heterodontosaurus*

몸길이 1~1.75m, 몸무게 최대 10kg으로 칠면조 정도 크기였으리라 추정해요. 가장 큰 특징은 이름에서도 알 수 있듯 이빨이에요. 파충류와 공룡은 이빨 모양이 거의 같아요. 그러나 헤테로돈토사우루스는 마치 포유류처럼 이빨 모양이 세 가지였어요.

위턱에 달린 앞니는 작고 원통 모양이며 부리에 가려져 있었어요. 앞니 옆에는 포유류의 송곳니처럼 생긴 큰 이빨이 있었고요. 아래턱 송곳니는 특히 크고 입을 다물면 위턱 홈에 딱 들어맞았죠. 예전에 어떤 고생물학자들은 헤테로돈토사우루스를 육식 공룡으로 보고 이 커다란 송곳니를 먹잇감의 숨통을 끊는 도구로 보기도 했어요. 그러나 초식 공룡으로 알려진 지금은 같은 종끼리 서로 경쟁하거나 다양한 식물을 먹는 데에 송곳니를 썼으리라고 봐요. 송곳니 뒤쪽에는 끌처럼 생긴 이빨이 줄지어 있었어요. 헤테로돈토사우루스과에 속하는 다른 공룡과 달리 닳은 이빨은 산발적으로 교체됐어요. 머리뼈 크기에 비해 턱 근육이 강해 아주 거친 식물도 먹을 수 있었어요.

뒷다리가 길고 가늘어서 상당히 빠르게 달릴 수 있었을 거예요. 또한 앞다리도 길고 강해서 평소에는 사족 보행을 하다가 필요하면 뒷다리만으로 달렸으리라고 보는 고생물학자들도 있었어요. 그러나 지금까지 연구에 따르면 대개 뒷다리만으로 걸었으며 앞다리는 식물 뿌리를 파내거나 곤충 둥지를 부술 때 손처럼 썼을 거예요. 가까운 친척인 티아니울롱을 보면 굵고 거친 초기 형태 깃털인 퀼(Quill)이 나 있었기에 헤테로돈토사우루스에게도 깃털이 있었을 가능성이 커요.

1962년, 남아프리카에서 완전한 머리뼈 화석이 발견됐어요.
다른 공룡과 달리 이빨 모양이 각기 달라
'다른 이빨 도마뱀'이라는 뜻인
헤테로돈토사우루스라고 이름이 지어졌어요.
1966년에는 완전한 골격 화석도 발견됐어요.

헤테로돈토사우루스

쥐라기 초기 | 용반목 수각아목
딜로포사우루스 *Dilophosaurus*

1942년, 미국 애리조나주 나바호 카운티에서 고생물학자들이 화석을 찾고 있다는 소문을 들은 나바호족은 2년 전 자신들이 화석을 발견한 곳으로 고생물학자들을 데려갔어요. 그곳에는 자줏빛 혈암(퇴적 작용으로 생긴 수성암)에 박힌 수각류 화석이 3개 있었죠. 1954년, 미국 고생물학자 사무엘 폴 웰스는 이 수각류가 메갈로사우루스의 일종이라고 생각했어요. 그러던 1964년에 볏이 달린 머리뼈가 발견됐고, 1970년에 '두 볏이 있는 도마뱀'이라는 뜻인 딜로포사우루스라고 이름이 지어졌어요.

몸길이 최대 7m, 몸무게 약 400kg으로 추정해요. 트라이아스기에 등장한 초기 수각류보다 훨씬 몸집이 거대했죠. 그러나 화석이 발견되고도 80여 년 가까이나 사람들은 딜로포사우루스를 제대로 알지 못했어요.

영화〈쥬라기 공원〉속에서 딜로포사우루스는 2m 남짓한 크기에 몸매가 호리호리하고 목도리도마뱀처럼 목도리가 있으며 독을 내뿜어요. 실제 화석을 보면 그렇게 작지도 않고 목도리도 없으며 독을 뿜은 흔적도 없는데 말이죠. 처음 딜로포사우루스의 전신 화석이 공개될 당시 복원 팀은 화석이 실제보다 완전하게 보이길 원했어요. 그래서 해부학적 특징을 무시하고 화석에서 부족한 부분을 석고로 채워 넣어 버렸죠. 잘못된 복원을 바탕으로 후속 연구가 이루어진 결과, 딜로포사우루스는 호리호리한 체형에 턱 근육이 약하고 이빨이 길고 가늘어 커다란 먹잇감을 사냥하지 못하는 초기 수각류로 여겨지고 말았어요.

그러던 2020년, 고생물학자 애덤 마쉬는 캘리포니아대학에서 보관하고 있던 완전한 골격 3개와 20년 전에 발견된 미성숙 개체의 표본 2개를 연구한 결과를 발표했어요.

이전에 알려진 바와 달리 딜로포사우루스는 거대하고 강한 공룡이었죠. 연약해 보이던 볏은 알려진 것보다 크며 코뿔새 볏처럼 벌집 구조로 이루어져 있어 두께는 얇지만 튼튼했어요. 무는 힘 또한 강력했을 거고요. 손처럼 썼을 앞발에는 날카로운 발톱이 달린 발가락이 3개 있었어요. 첫 번째 발가락은 나머지 2개보다 길이가 짧지만 발톱은 훨씬 컸어요. 뒷다리도 튼튼해서 먹잇감을 빠르게 쫓을 수 있었겠죠. 딜로포사우루스는 커다란 사냥감도 사냥할 수 있는 쥐라기 초기의 최상위 포식자였을 거예요.

딜로포사우루스

쥐라기 중기 | 용반목 수각아목
메갈로사우루스 *Megalosaurus*

, 1824년, 런던지질학회 회장이자 고생물학자였던 윌리엄 버클랜드는 거대한 파충류의 이빨 하나가 튀어나온 턱뼈 조각을 포함해 발견된 골격들을 런던지질학회에서 발표했어요.
1824년에 고대 그리스어로 '거대한 도마뱀'이라는 뜻인 메갈로사우루스라고 이름이 지어졌어요.
학명*을 얻어 학계에 발표된 공룡은 메갈로사우루스가 최초예요.

*학계에서 정한 생물 이름인 학명은 기본적으로 속명(그 종이 속한 무리 이름)과 종소명(그 종 자체의 이름)으로 나타내요. 이런 방식을 이명법(二名法)이라고 해요.

몸길이 6~8m, 몸무게 약 700kg으로 추정해요. 공룡을 좋아하는 사람이라면 모를 수 없는 초기 고생물학의 유명 인사 리처드 오언, 조르주 퀴비에, 기디언 맨텔이 모두 메갈로사우루스의 화석을 살펴봤어요. 각자 의견은 조금씩 달랐지만 메갈로사우루스가 거대한 파충류라는 점에서는 이견이 없었죠. 그러나 이들이 활동하던 19세기는 아직 과학적으로 공룡 연구가 이루어지던 시기가 아니었어요. 그런 까닭에 메갈로사우루스는 네 다리로 육지를 느릿느릿 걸어 다니는 거대한 도마뱀으로 묘사됐죠. 당시 똑같이 거대한 도마뱀으로 여겨지던 이구아노돈과 함께 모형으로 제작되어 영국 수정궁 공원에 전시되기도 했어요.

1859년, 콤프소그나투스를 시작으로 잇따라 두 발로 걸어 다니는 수각류가 발견되면서 메갈로사우루스도 드디어 두 발로 설 수 있었어요. 아쉽게도 아직 메갈로사우루스의 완전한 골격은 발견되지 않았지만 근육질인 뒷다리, 짧아도 튼튼한 앞다리, 강한 턱과 날카로운 이빨을 보면 전형적인 중대형 수각류라는 사실은 알 수 있죠. 화석이 부족해 전체 골격을 알 수 없는 탓에 한때는 수각류 화석이 발견되면 일단 메갈로사우루스과로 분류하기도 했어요. 지금은 다행히 메갈로사우루스를 구별할 수 있는 여러 특징이 확인되어 쓰레기통 분류군 신세에서는 벗어났어요.

1676년, 영국 옥스퍼드셔에서 발견된 넙다리뼈의 일부도 메갈로사우루스 것일 수 있어요. 그러나 워낙 조각이었고 지금은 사라진 탓에 진짜 정체는 알 수가 없어요. 1763년, 의사였던 리처드 브룩스가 이 뼈에 '인간의 고환'이라는 뜻인 스크로툼 후마눔이라는 이름을 붙였지만 다행히 학계에서는 진지하게 받아들이지 않았어요.

메갈로사우루스

쥐라기 후기 | 조반목 검룡하목
켄트로사우루스 *Kentrosaurus*

몸길이 4~4.5m, 몸무게 700kg~1.6t으로 추정해요. 뼈로 이루어진 넓적한 골판과 기다란 골침이 돋은 검룡류예요. 크기는 친척 스테고사우루스의 절반 정도이지만 골침은 70cm가 넘는 것이 여러 개 있었죠. 가시 같은 골침은 머리에 가까워질수록 넓적해져 골판 모양으로 변했어요. 골판과 골침은 대칭 구조였으리라 추정하지만 아쉽게도 화석 증거가 부족해서 확실히 알 수는 없어요. 온전한 골격은 없었지만 50여 마리의 1,200개 이상 되는 뼈가 베를린 자연사박물관에 소장되어 있었는데요, 2차 세계 대전 때 연합군의 폭격으로 박물관이 파괴되며 뼈 수백 개도 함께 사라졌죠. 약 40개 꼬리뼈로 이루어진 꼬리는 좌우 180도까지 휘두를 수 있을 정도로 유연했어요. 골침은 스테고사우루스만큼 두껍지는 않았지만 적에게서 몸을 보호하

1909년, 동아프리카 탄자니아에서 텐다구루 지층 원정대가 처음 화석을 발견했어요. 1915년에 독일 고생물학자 에드빈 헤니히가 그리스어로 '가시 도마뱀'이라는 뜻인 켄트로사우루스라고 이름을 지었어요.

여기에 등장하는 켄트로사우루스(*Kentrosaurus*)와 발음이 똑같은 공룡이 있어요. 각룡류 켄트로사우루스(*Centrosaurus*)예요. 처음에는 발음이 같다는 이유로 문제가 됐지만 첫 번째 철자가 달라 두 공룡의 이름은 각각 그대로 인정됐죠. 우리나라에서는 켄트로사우루스(*Kentrosaurus*)와 센트로사우루스(*Centrosaurus*)라고 구분해 부르기도 해요.

기에는 충분했을 거예요. 어떤 고생물학자들은 적이 나타나면 켄트로사우루스는 호저(산미치광이)처럼 골침이 적을 향하도록 엉덩이를 돌리고 맹렬히 돌진했으리라 추측하기도 해요.
네발 동물이지만 뒷다리가 길고 튼튼하며 무게 중심이 골반 쪽에 있어서 두 발로 일어설 수 있었을 거예요. 그러니 약 3.3m 높이에 있는 식물도 먹을 수 있었겠죠.

또한 뒷다리를 축으로 삼아 좌우로 빠르게 회전하며 골침을 항상 적이 있는 쪽으로 유지해 취약한 머리를 보호했을 거예요.

 켄트로사우루스

쥐라기 후기 | 조반목 검룡하목

스테고사우루스 *Stegosaurus*

몸길이는 약 6.5m에서 최대 7.5m, 몸무게는 약 3.5t 에서 최대 5.3t으로 추정해요. 넓적한 골판과 기다란 골침이 있는 검룡류 중에서 가장 거대하고 유명한 공룡이에요. 처음 복원할 당시 골판 배열이 문제였어요. 화석으로 변하는 과정에서 골판은 제자리를 쉽게 이탈해 원래 배열을 알 수가 없었거든요. 오스니얼 찰스 마시는 골판을 등과 평행하게 배열했어요. 이후 골판을 바로 세우기는 했지만 등을 따라서 한 줄로 배열했죠. 그러나 이렇게 하면 골판끼리 포개지는 문제가 생겼어요. 1900년대에 이르러서야 골판을 2줄로 배열해야 안정적이라는 사실이 알려졌죠. 이마저도 처음에는 나란히 배열했지만요. 골판은 좌우가 다르게 생겼기에 지금은 2줄 지그재그로 배열하는 것이 옳다고 봐요. 골판은 용도에 대해서도 논쟁이 벌어졌어요. 방어용으로 쓰기에는 너무 얇고 약해서 골판 혈관으로 피를 보내 체온을 조절하거나 붉게 보이게 해서 적을 위협했다는 설도 나왔어요. 그러나 골판은 케라틴으로 이루어졌으리라 추정하기에 두 가지 설 모두 알맞지 않아

요. 현재는 적을 위협하거나 같은 종끼리 짝을 찾거나 서로를 인식하는 용도였으리라 추정해요. 커다란 골판이 있는 몸으로 짝짓기를 어떻게 했는지는 여전히 밝혀지지 않았고요. 꼬리 끝에 달린 골침 역시 장식이었는지 방어와 공격에 쓰는 무기였는지 논쟁이 있었어요. 그러다 골침에 남은 외상 흔적과 스테고사우루스 골침 때문에 구멍이 뚫린 알로사우루스의 꼬리뼈 화석이 발견되면서 이 논쟁은 종지부를 찍었어요.

사족 보행했으며 앞다리는 짧은 편이었어요. 몸에 비해 머리가 아주 작아서 한때는 뇌가 호두만 한 매우 우둔한 공룡이라는 오해를 받았어요. 뇌 크기가 반드시 지능과 비례하는 것은 아니기에 작은 뇌만 놓고서 스테고사우루스의 지능을 판단할 수는 없어요. 한때는 엉덩이 근처 척수가 거대하게 확장된 공간을 스테고사우루스 제2의 뇌라고 여긴 적도 있지만 지금은 이 공간을 균형 기관 또는 신경계를 지원하는 화합물 저장 장소로 봐요.

미국 지질학자 아서 레이크스가 처음 화석을 발견했어요. 고생물학자 오스니얼 찰스 마시는 이 화석에 있는 골판이 지붕 타일처럼 평평하게 겹쳐 있었으리라 생각했어요. 그래서 1877년에 '지붕 도마뱀'이라는 뜻인 스테고사우루스라고 이름을 지었어요.

쥐라기 후기 | 조반목 헤테로돈토사우루스과
티아니울롱 *Tianyulong*

> 2009년, 아직 다 자라지 않은 작은 초식 공룡의 화석이 학계에 보고됐어요. 화석이 중국 산둥 텐위자연사박물관에 보관돼 있어서 '텐위의 용'이라는 뜻인 티아니울롱이라고 이름이 지어졌어요.

몸길이 60~70cm로 추정할 만큼 작은 초식 공룡이에요. 화석에는 매우 특별한 것이 남아 있었어요. 바로 목과 등을 지나 꼬리까지 이어지는 길고 뻣뻣한 초기 깃털(퀼)의 흔적이었죠. 분류학적으로 새와 거리가 먼 조반류에서 깃털 흔적이 발견된 것은 2002년 프시타코사우루스 이후 두 번째예요. 이로써 조반류에서도 깃털이 예상보다 넓게 퍼진 형질이 아닐까 하는 의문이 제기됐어요. 어쩌면 깃털은 공룡의 공통 조상이 이미 지니고 있었거나 공룡이 진화하는 과정에서 여러 번 나타난 특징일 수도 있어요.

엄밀하게 따지면 프시타코사우루스와 티아니울롱의 깃털은 새를 포함한 수각류의 부드러운 깃털과는 달라요. 여러 갈래로 갈라지지 않았고 길고 뻣뻣한 강모에 가까웠어요. 익룡 몸에 뒤덮인 피크노 섬유처럼 독자적으로 진화한 초기 깃털 종류일 수 있어요. 그러나 사실 부드러운 깃털은 딱딱한 비늘에서 비롯했어요. 깃털과 비늘은 모두 케라틴으로 이루어져 있죠. 공룡과 가까운 사이인 악어에게도 깃털을 만들어 내는 유전자가 있지만 다른 유전자에 억눌려 있다고 해요. 티아니울롱 이후 더욱 진화한 깃털이 달린 조반류 쿨린다드로메우스가 발견되면서 조반류와 깃털의 관계는 더욱 가까워졌어요.

티아니울롱

쥐라기 후기 | 용반목 용각아목
카마라사우루스 *Camarasaurus*

1877년 봄, 미국 콜로라도주 가든파크에서 커다란 척추뼈 화석 몇 개가 발견됐어요. 척추뼈에는 커다란 구멍들이 있었죠. 지금은 이런 구멍이 용각류에서 쉽게 볼 수 있는 공기주머니(기낭) 흔적이라는 것을 알지만 용각류 연구가 부족했던 당시에는 이 점이 특별해 보였어요. 그래서 화석을 전해 받은 미국 고생물학자 에드워드 드링커 코프는 '빈 공간이 있는 도마뱀'이라는 뜻인 카마라사우루스라고 이름을 지었어요.

몸길이 15~23m, 몸무게 최대 47t으로 추정해요. 비교적 짧은 목과 꼬리 때문인지 같은 시대에 살았던 용각류보다 작아 보이지만 사실 카마라사우루스도 한 덩치 했어요.

미국 몬태나주와 뉴멕시코주를 비롯한 북아메리카 여러 지역에서 화석이 흔히 발견돼요. 모리슨 지층에서 가장 자주 발견되는 용각류이기도 해요. 용각류는 목과 꼬리가 길고 거대하기 때문에 화석이 보존되기 어려운데도 말이죠. 심지어 몇몇 화석은 거의 모든 골격이 온전하게 남아 있기도 했고 어린 개체의 화석도 발견됐죠. 화석이 워낙 풍부하다 보니 명명자(학명을 지은 사람)인 에드워드 드링커 코프조차 화석 중 일부를 암피코일리아스나 모로사우루스(Morosaurus)라는 다른 속 공룡으로 분류하기도 했어요. 그러나 나중에는 이 공룡들도 모두 카마라사우루스의 일종이라는 사실이 밝혀졌죠.

언뜻 생김새가 비슷한 브라키오사우루스와 달리 카마라사우루스는 앞다리와 뒷다리 길이가 크게 다르지 않아요. 머리뼈는 정사각형에 가까우며 다른 용각류보다 다부져요. 그래서 디플로도쿠스처럼 머리뼈가 약한 용각류보다 온전한 머리뼈 화석이 많이 남아 있어요. 어떤 화석에서는 이빨을 감싼 커다란 비늘 흔적이 발견되기도 했죠. 이빨은 굵은 대못처럼 생겼어요. 머리뼈와 이빨 모양으로 볼 때 다른 용각류보다 더 거친 먹이를 먹었던 것 같아요. 그러면서 먹이 경쟁을 피했을 거고요.

카마라사우루스

쥐라기 후기 | 용반목 용각아목

디플로도쿠스 *Diplodocus*

몸길이 24~26m, 몸무게 12~14.8t으로 추정해요. 화석 발견 당시에는 가장 길고 거대한 공룡이었어요. 전형적인 용각류로 몸이 호리호리하고 크기에 비해 몸무게가 가벼운 편이었어요. 1900년대 초에는 디플로도쿠스가 도마뱀처럼 배를 땅에 대고 몸을 질질 끌고 다녔으리라 여겼죠. 그러려면 디플로도쿠스가 다니는 길에는 배 아래로 2m 깊이 구덩이가 있어야 했어요. 1930년대에 용각류 발자국 화석이 발견됐고 당연히 디플로도쿠스가 배를 대고 몸을 끌고 다닌 흔적은 없었어요.

연구 초기에는 디플로도쿠스가 기린처럼 목을 수직으로 뻗어 높은 가지에 달린 나뭇잎을 먹었으리라 여겼어요. 그러나 기린보다 훨씬 긴 목을 높게 들면 피를 뇌까지 보내기 어려웠을 거예요. 마침 목이 백조처럼 구부러지지 않는다는 연구 결과도 나왔죠. 이 때문에 한동안은 또 디플로도쿠스가 목을 어깨 높이보다 높게 들지 못하며 낮게 자라는 풀을 진공청소기처럼 빨아들이듯 뜯어 먹었으리라 여겼어요. 그러나 연구가 계속되면서 목은 기존에 알려진 것보다 훨씬 유연하며 높게 들 수 있었으리라 봐요. 작은 머리에 대못처럼 박힌 이빨로 나뭇잎을 훑어 내며 먹었을 거고요. 디플로도쿠스가 살았던 시기 모리슨 지층에서 용각류 5종의 화

1877년, 미국 콜로라도주 가든파크에서 벤자민 프랭클린 머지와 사무엘 웬델 윌리스턴이 화석 조각을 처음 발견했어요. 1878년에 화석을 전해 받은 고생물학자 오스니얼 찰스 마시는 갈매기 모양 꼬리뼈인 혈관궁이 두 갈래인 점을 독특하게 보고 '두 개의 기둥'이라는 뜻인 디플로도쿠스라고 이름을 지었어요.

과거 가장 거대한 공룡으로 여겨졌던 세이스모사우루스는 현재 디플로도쿠스 무리의 한 종인 디플로도쿠스 할로룸으로 재동정됐어요. 몸길이 약 29m, 몸무게 약 23t으로 추정해요.

석이 발견됐어요. 5종은 저마다 식사 방법을 달리하며 먹이 경쟁을 피했을 거예요.

디플로도쿠스 꼬리에는 초기 용각류보다 거의 2배나 뼈가 많았어요. 꼬리는 끝으로 갈수록 점점 가늘어져서 채찍 같아 보였을 거예요. 일부 고생물학자들은 디플로도쿠스가 꼬리를 음속이 넘는 속도로 휘두를 수도 있었으리라 여겼어요. 그러나 2022년에 이루어진 연구에서 꼬리는 음속이 넘는 속도에서 가해지는 충격을 견딜 수 없다는 결론이 나왔어요. 지금은 꼬리를 의사소통 수단으로 썼으리라 보기도 해요.

디플로도쿠스

쥐라기 후기 | 용반목 용각아목
브라키오사우루스 *Brachiosaurus*

; 1900년, 미국 콜로라도강에서 거대 용각류의 불완전한 화석이 발견됐어요. 1903년에 고생물학자 엘머 사무엘 릭스가 뒷다리보다 긴 앞다리를 보고 '팔 도마뱀'이라는 뜻인 브라키오사우루스라고 이름을 지었어요.

몸길이는 18~22m, 몸무게는 약 28t에서 최대 46t으로 추정해요. 다른 용각류보다 꼬리가 짧지만 목과 앞다리가 특히 길어서 키가 9~13m는 됐을 거예요. 여느 용각류보다 키가 커서 아주 높은 가지에 있는 잎을 뜯어 먹었으리라 봐요.

이렇게 목이 길고 키가 큰데 어떻게 뇌까지 피를 보냈을까요? 생김새가 비슷한 기린은 커다란 심장과 높은 혈압 그리고 정맥판과 원더 네트(wonder net, 모세혈관 다발)를 활용해 이 문제를 해결했지만 브라키오사우루스의 해결책은 아직 밝혀지지 않았어요. 그래서 처음에 고생물학자들은 브라키오사우루스가 목을 수평에 가깝게 뻗었으리라 생각했지만 그러면 몸에 비해 짧은 꼬리 때문에 무게 중심이 앞으로 쏠리는 문제가 생겨요. 이런 이유로 지금은 목을 높이 들고 있는 모습으로 복원해요.

또 다른 특징은 높게 솟아 마치 이마처럼 보이는 코뼈예요. 그래서 예전 브라키오사우루스 그림을 보면 이마에 콧구멍이 있어요. 과거에는 용각류가 육지에서는 자기 몸무게를 지탱하지 못해 수중 생활을 했으리라고 잘못 생각했어요. 그래서 이때는 머리 꼭대기에 있는 콧구멍이 스노클 역할을 했으리라 여기기도 했죠. 그러나 머리뼈의 혈관 흔적으로 미루어 볼 때 콧구멍은 코뼈가 아니라 주둥이 쪽에 있었을 거예요.

1909년에 동아프리카에서 독일 고생물학자들이 완전한 용각류 화석을 발견했어요. 오랫동안 이 화석은 브라키오사우루스로 여겨졌어요. 그런데 나중에 이 화석이 기라파티탄이라는 종류로 분리되며 다른 화석에서 머리뼈가 발견되지 않은 브라키오사우루스는 그만 머리를 잃어버리고 말았죠. 진짜 브라키오사우루스의 머리뼈는 1883년에 이미 발견됐지만 카마라사우루스 유형의 머리뼈로 알려졌고, 심지어 오스니얼 찰스 마시는 이 머리뼈를 브론토사우루스 복원에 쓰기도 했어요. 이 머리뼈는 1998년에 브라키오사우루스의 한 종류로 밝혀졌어요. 추가 연구가 이루어지면서 2019년에야 비로소 브라키오사우루스는 진짜 머리를 찾을 수 있었어요.

쥐라기 후기 | 용반목 용각아목

아파토사우루스 *Apatosaurus*

몸길이 21~30m, 몸무게 최대 33t에 달했을 것으로 추정해요. 쥐라기 대표 용각류로 같은 종류인 디플로도쿠스보다 목이 훨씬 굵고 다리가 좀 더 다부졌어요. 몸무게도 더 나갔고요. 그러나 굵은 목은 공기주머니(기낭)로 채워져 있어 보기보다는 가벼웠어요. 거의 모든 용각류가 그렇듯이 앞발에는 뒷발과 다르게 엄지발톱 하나만 튀어나와 있었어요.

뼈 전쟁(66쪽 참조) 중 발견된 아파토사우루스 뼈는 발굴과 운송 과정에서 다른 공룡의 뼈와 뒤섞이는 바람에 동정하는 데에 어려움을 겪기도 했죠. 1909년에 온전한 머리뼈가 발견됐지만, 최초로 온전한 용각류 화석을 전시하려던 자연사박물관들의 경쟁으로 한동안 카마라사우루스의 머리뼈를 바탕으로 복원되기도 했어요. 아파토사우루스가 진짜 머리를 되찾은 것은 머리뼈가 발견된 지 70년이나 지난 1979년 10월 20일이었어요.

아파토사우루스를 이야기하면서 빼놓을 수 없는 공룡이 브론토사우루스예요. 1879년, 뼈 전쟁에서 에드워드 드링커 코프와 치열하게 경쟁하던 오스니얼 찰스 마시가 새로운 종으로 발표하면서 널리 알려졌죠. 그러나 아파토사우루스와 골격이 비슷해 다른 종으로 볼 만한 차이점을 찾을 수 없었던 탓에 1903년, 아파토사우루스의 동물이명(이름은 다르지만 같은 종)으로 분류되며 역사 속으로 사라진 줄 알았죠.

그러던 2015년, 용각류 디플로도쿠스 무리에 대한 연구가 다시 폭넓게 이루어졌어요. 이때 아파토사우루스와 브론토사우루스를 명확하게 구별하는 해부학적 특징이 밝혀졌고 둘을 별개 종으로 분리해야 한다는 결과가 나왔어요. 100년 넘게 아파토사우루스의 일종으로 여겨졌던 브론토사우루스가 드디어 다시 제 이름을 찾은 거죠.

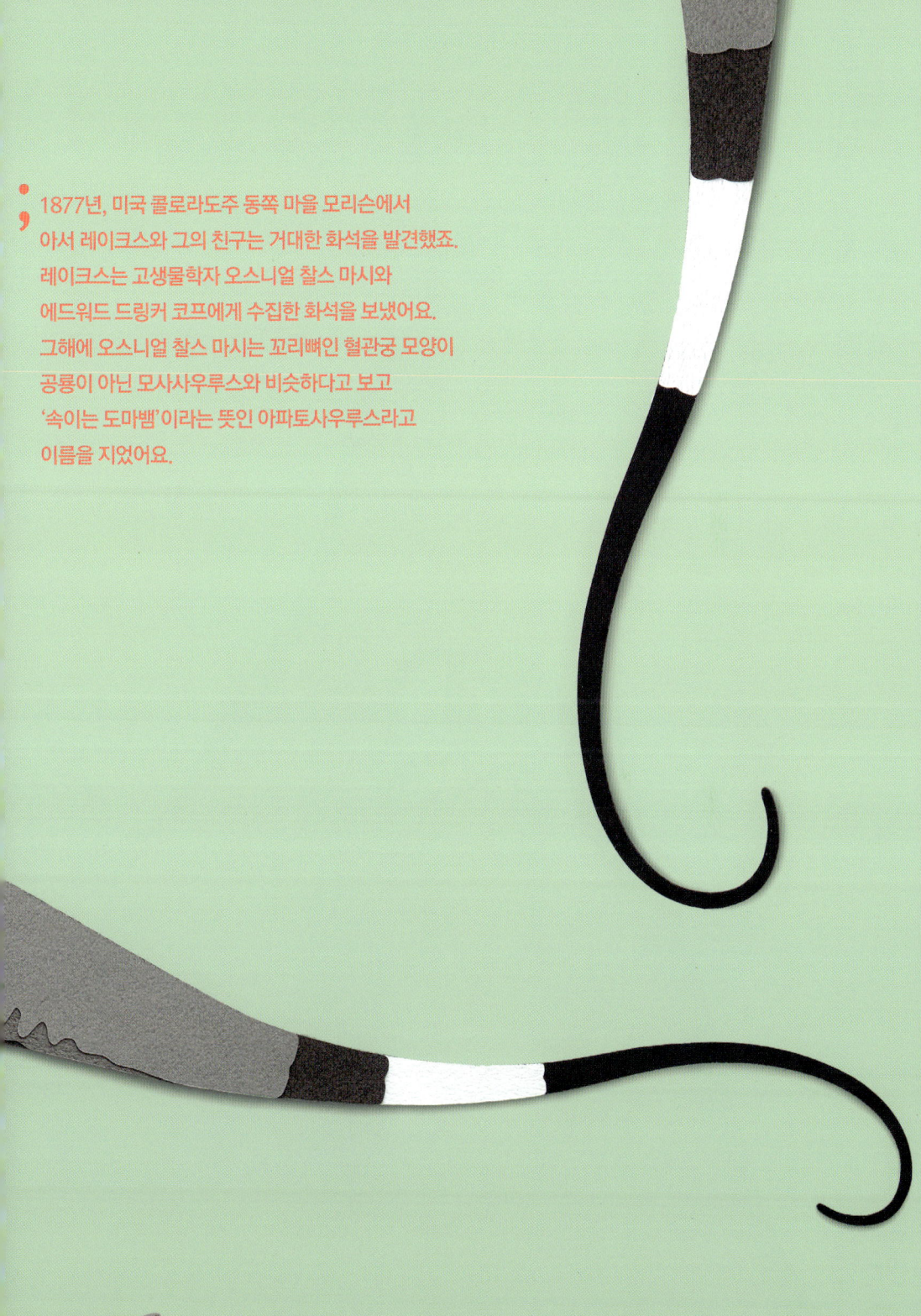

1877년, 미국 콜로라도주 동쪽 마을 모리슨에서 아서 레이크스와 그의 친구는 거대한 화석을 발견했죠. 레이크스는 고생물학자 오스니얼 찰스 마시와 에드워드 드링커 코프에게 수집한 화석을 보냈어요. 그해에 오스니얼 찰스 마시는 꼬리뼈인 혈관궁 모양이 공룡이 아닌 모사사우루스와 비슷하다고 보고 '속이는 도마뱀'이라는 뜻인 아파토사우루스라고 이름을 지었어요.

아파토사우루스

쥐라기 후기 | 용반목 용각아목
에우로파사우루스 *Europasaurus*

1998년, 독일 랑겐베르크 채석장에서 개인 수집가가
이빨 화석 하나를 처음 발견했어요. 2000년부터 발굴 작업이
본격 진행되면서 수백 점이 넘는 뼈와 머리뼈를 포함한
거의 온전한 화석이 발견됐어요.
2006년에 '유럽 도마뱀'이라는 뜻인
에우로파사우루스라고 이름이 지어졌어요.

몸길이 5.7~6.2m, 몸무게 약 750kg으로 추정해요. 브라키오사우루스, 카마라사우루스와 같은 용각류 마크로나리아 무리에 속하지만 이 두 공룡과 나란히 선다면 다 자란 에우로파사우루스도 새끼로 여겨질 만큼 작았을 거예요. 에우로파사우루스는 다양한 연령대의 화석이 발견됐어요. 가장 작은 화석을 보면 몸길이가 1.75m에 불과했죠. 머리도 작아서 성체의 머리뼈라도 사람이 한 손으로 들 수 있을 정도예요. 쥐라기 후기 유럽은 지금처럼 거대한 대륙 하나가 아닌 크고 작은 섬으로 이루어져 있었어요. 거대한 용각류가 살아가기에 섬은 먹이가 몹시 부족한 환경이었죠. 그래서 섬에 고립된 용각류는 몸집이 작아질 수밖에 없었어요. 에우로파사우루스가 거대한 친척들보다 훨씬 느리게, 작게 자란 이유죠.

2022년, 아주 어린 개체부터 성체까지 머리뼈를 CT 촬영한 결과 청각을 담당하는 내이가 길다는 점이 밝혀졌어요. 이는 에우로파사우루스의 청력이 좋았다는 뜻일 수 있어요. 어쩌면 에우로파사우루스는 소리로 의사소통했을지도 모르죠. 내이는 평형 감각과도 관련이 있기에 아주 어린 개체도 곧바로 일어났을 가능성이 있고요.

에우로파사우루스가 살던 시기에서 약 3만 5,000년 뒤에 생긴 수각류의 발자국 화석이 독일 랑겐베르크에서 발견됐어요. 54cm나 되는 이 발자국의 주인은 몸길이가 8m 정도로 추정되죠. 에우로파사우루스와 같은 시기에 살던 수각류보다 두 배는 거대했어요. 이 화석 기록은 시간이 흘러 해수면이 낮아지며 유럽 섬들에서 생물군 교환이 일어났다는 사실을 알려 주죠. 발자국 화석 위로는 에우로파사우루스의 화석이 발견되지 않았고요. 그래서 고생물학자들은 약 8m에 이르는 외부 침입자가 섬에서 살아가던 에우로파사우루스 같은 난쟁이 동물군을 멸종시킨 원인 중 하나라고 생각해요.

에우로파사우루스

049

쥐라기 후기 | 용반목 수각아목
케라토사우루스 *Ceratosaurus*

, 1883년과 1884년에 미국 콜로라도주에서 농부 마샬 파커 펠치가 화석을 발견했어요. 단단한 사암에 머리뼈를 포함한 거의 온전한 골격이 박혀 있었죠. 1884년에 미국 고생물학자 오스니얼 찰스 마시가 그리스어로 '뿔 도마뱀'이라는 뜻인 케라토사우루스라고 이름을 지었어요.

몸길이 5~7m, 몸무게 500~700kg으로 추정해요. 우리나라에서는 만화 〈아기공룡 둘리〉의 모델로도 유명하죠.
전형적인 이족 보행 수각류이며 가장 큰 특징은 이름에서도 알 수 있듯 커다란 코 뿔이에요. 코 뿔은 화석으로만 봐도 거대하지만 실제로는 케라틴으로 덮여 있어 더 컸을 거예요. 양쪽 눈앞에도 작은 뿔이 2개 있었어요. 총 3개인 뿔은 제법 크지막하지만 두께는 얇아서 무기였다기보다는 장식용이었거나 같은 무리를 인식하는 도구였으리라 봐요. 이빨은 수각류답게 톱날 모양이며 위턱 이빨의 치관(잇몸 밖으로 드러난 이빨 부분)이 유난히 길었어요. 등에는 한가운데를 따라 한 줄로 배열된 골배엽(뼈로 이루어진 돌기)이 있었어요. 이건 다른 수각류에서는 찾아볼 수 없는 케라토사우루스만의 특

징이에요. 앞발이 상당히 작고 발가락뼈도 짧지만 손처럼 쓸 수 있었을 거예요.

케라토사우루스가 발견된 지층에서 알로사우루스나 토르보사우루스처럼 몸집이 큰 수각류도 발견됐어요. 케라토사우루스는 자기보다 몸집이 큰 수각류와 먹이 경쟁을 해야 했겠죠. 한때는 꼬리뼈 구조가 악어와 비슷하다는 이유로 물과 뭍을 오가면서(반수생) 다른 수각류와 먹이 경쟁을 피했을 것이라는 주장도 있었어요. 그러나 물고기를 잡기에 유리해 보이는 긴 이빨 빼고는 신체 구조가 반수생에 적합하지는 않았어요. 다만 물가 근처 지층에서 이빨 화석이 많이 발견되는 것으로 보아 다른 수각류보다는 물가 가까이에 살았을 가능성은 커요.

케라토사우루스

쥐라기 후기 | 용반목 수각아목

알로사우루스 *Allosaurus*

; 1869년, 미국 콜로라도주 미들파크에서 척추뼈가 발견됐어요. 그곳 주민들은 오목한 척추뼈를 보고 말발굽 화석이라고 생각했죠. 이후 다른 골격도 추가로 발견됐어요. 화석을 전해 받은 미국 고생물학자 오스니얼 찰스 마시는 척추뼈 생김새가 당시 알려진 다른 공룡들과 다르다는 점을 들어 1877년에 그리스어로 '다른 도마뱀'이라는 뜻인 알로사우루스라고 이름을 지었어요.

몸길이 8~9.7m, 몸무게 1~2t으로 추정해요. 균형 잡힌 몸집으로 쥐라기의 사자라고 불리기도 하는 수각류예요. 눈 위에는 뿔처럼 생긴 돌기가 한 쌍 있었어요. 실제 뿔은 케라틴에 덮여 있어서 화석보다 더 컸을 거예요. 입안에는 먹이를 뜯어 먹기에 적합한 톱날 모양 이빨이 가득했죠. 이빨은 쉽게 부러졌지만 또 금방 새로 자랐어요. 턱을 무려 92도까지 벌릴 수 있었을 것이라는 연구 결과가 있어요. 강한 목 근육을 바탕으로 먹잇감을 도끼처럼 찍어 제압했을 것이라는 의견과 이빨이 많고 날카로워 턱 힘이 강하지 않아도 사냥하기에 충분했으리라는 의견이 있었는데요, 최근 연구에 따르면 턱 힘은 무척 강했을 거예요. 스테고사우루스를 비롯해 쥐라기 대형 초식 공룡 화석에서 알로사우루스에게 물린 자국이 발견되고, 알로사우루스 화석에도 무수히 많은 상처가 있는 것으로 보아 알로사우루스는 커다란 먹잇감을 보고도 주저하지 않는 대담한 사냥꾼이었을 거예요.

상처 있는 알로사우루스 중에서 가장 유명한 것은 '빅 앨'이에요. 1991년, 미국 와이오밍주에서 뼈 95%가 보존된 상태로 발견됐어요. 몸길이 8m로 아직 다 자라지 않았는데도 뼈 19개가 부러졌고 감염된 흔적도 있었어요. 특히 오른쪽 세 번째 발가락의 첫 번째 뼈가 매우 크게 부풀어 있었어요. 이 정도 상처면 최대 6개월은 통증에 시달렸을 거예요. 빅앨은 아마도 사냥하다 생긴 이런 상처들로 고생하다가 죽음에 이르렀을 가능성이 커요.

알로사우루스 막시무스는 몸길이가 10~12m로 추정되며 한때 쥐라기의 가장 거대한 수각류로 여겨졌어요. 그러나 추가 연구가 이루어지면서 알로사우루스가 아닌 사우로파가낙스라는 별개 종으로 분리됐어요.

쥐라기 후기 | 용반목 수각아목
토르보사우루스 *Torvosaurus*

몸길이 9~11m, 몸무게 2~5t으로 추정해요. 쥐라기 가장 거대한 수각류 중 하나이자 가장 마지막까지 살아남은 메갈로사우루스과 공룡이에요. 머리뼈는 1.3m에 이를 만큼 길고 튼튼해요. 몸은 높이가 낮고 유연해 숲이나 덤불 지대에서 주로 살았으리라 봐요. 알로사우루스와 서식지가 같았을 거예요.

토르보사우루스는 북아메리카에서 발견된 모식종(무리를 대표하는 종) 토르보사우루스 탄네리, 포르투갈에서 발견된 토르보사우루스 구르네이 2종으로 나눌 수 있어요. 몸집은 구르네이가 탄네리보다 커요. 유럽(독일)과 아프리카, 남아메리카에서도 토르보사우루스로 추정되는 화석이 발견됐어요. 넓은 지역에서 번성한 공룡이지만 같은 시대를 살았던 알로사우루스나 케라토사우루스에 비하면 발견된 화석이 적어요.

대형 수각류 중에서는 희귀하게도 알과 배아 화석이 발견됐어요. 알 속에 있던 새끼는 어른과 달리 이빨에 톱니가 발달하지 않았어요. 알껍데기는 대개 두 겹인 다른 수각류와 달리 한 겹이었어요. 토르보사우루스 알 화석이 발견된 덕분에 거대한 수각류도 다른 공룡이나 새처럼 작은 알에서 태어났다는 사실을 알게 됐죠. 그러나 발견된 알 화석만으로는 토르보사우루스가 현생 새처럼 알을 품고 새끼를 돌봤는지까지는 알 수가 없어요.

1899년, 미국 와이오밍주 남동부에서 화석이 발견됐어요. 그러나 이 화석은 2010년에 재발견되기 전까지 필드자연사박물관에 묻혀 있었죠. 1971년, 미국 콜로라도주 드라이 메사 채석장에서 추가로 화석이 발견됐고 1979년에 '야만적인 도마뱀'이라는 뜻인 토르보사우루스라고 이름이 지어졌어요.

쥐라기 후기 | 용반목 수각아목

구안롱 *Guanlong*

2002년, 신장 위구르 우차이완에서 수각류 화석이 발견됐어요.
잘 보존된 머리뼈 화석에 커다란 머리 볏이 남아 있어서
2006년에 중국어로 '관을 쓴 용'이라는 뜻인 구안롱이라고
이름이 지어졌어요.

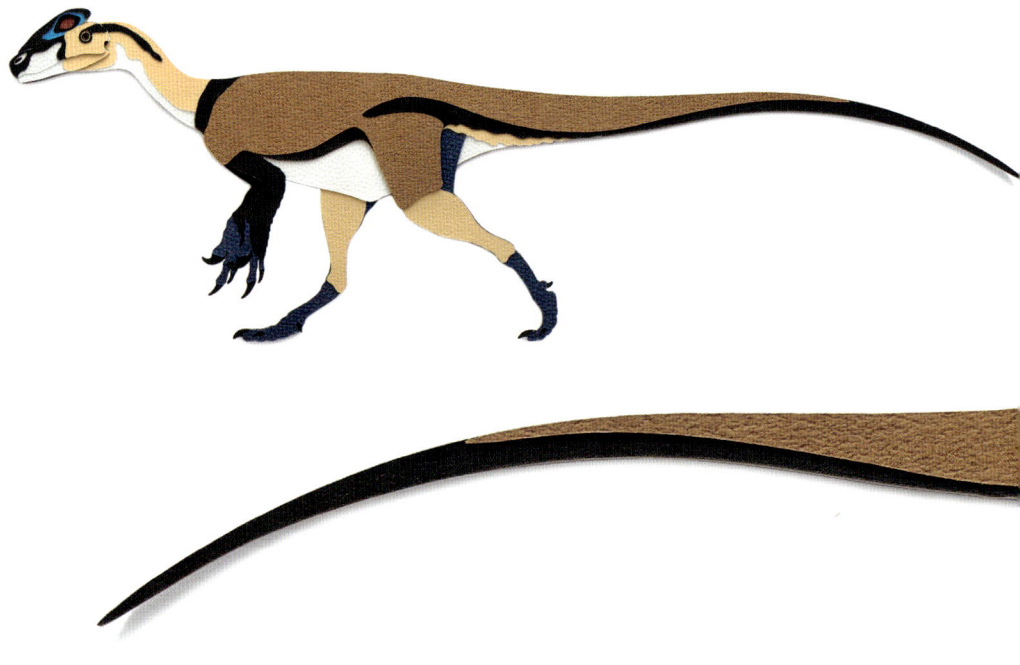

2001년부터 우차이완을 비롯한 신장 위구르 중가르 분지에서 뚜렷하게 한 방향으로 놓인 수직 기둥 화석들이 발견됐어요.
그리고 이 가운데 일부 기둥에서는 악어, 거북 같은 작은 파충류와 포유류, 구안롱과 리무사우루스를 비롯한
몇몇 공룡의 화석이 함께 발견됐죠. 이 수직 기둥은 원래 진흙으로 가득한 구덩이였을 거예요.
깊이는 물론 너비도 2m에 달하니 작은 동물이 빠지면 살아서 빠져나오기 힘들었겠죠.
이 죽음의 구덩이는 마멘키사우루스 같은 거대한 용각류가 진흙을 걸었던 자국으로 추정해요.

몸길이 약 3m, 몸무게 약 125kg으로 추정하는 소형 수각류예요. 같이 발견된 성체(다 자란 개체)와 아성체(새끼보다는 크고 성체보다는 어린 개체) 화석을 보면 머리 볏은 성체가 더 크고 섬세했어요. 매우 얇고 커다란 구멍이 뚫린 것으로 보아 머리 볏은 다 자란 구안롱이 서로를 인식하거나 수컷이 암컷을 유혹할 때 썼을 것 같아요. 구안롱의 가까운 친척인 딜롱에서 깃털 흔적이 발견됐기에 구안롱 또한 몸이 깃털로 덮여 있었을 가능성이 커요.

전상악골(머리뼈 앞부분)이 높고 콧구멍이 크며 위턱뼈 옆면에 구멍이 많고 좌골은 배 쪽으로 오목했어요. 이런 점은 티라노사우루스상과 공룡에서 나타나는 특징이에요. 티라노사우루스상과는 다시 여러 과로 나뉘는데요, 구안롱은 이 중 하나인 프로케라토사우루스과의 초기 구성원이에요. 프로케라토사우루스과 공룡은 주로 아시아와 유럽에서 발견되며, 작은 몸집에 두드러지는 거대한 머리 볏이 있고 앞발가락이 3개인 점이 특징이에요. 유명한 티라노사우루스는 티라노사우루스상과의 티라노사우루스과에 속하니 구안롱은 티라노사우루스의 머나먼 친척인 셈이죠.

구안롱

057

쥐라기 후기 | 용반목 수각아목

앙키오르니스 *Anchiornis*

중국 랴오닝성에서 현지 농부가 새처럼 보이는 작은 수각류 화석을 발견했어요. 2009년에 중국 고생물학자 쑤 씽이 '가까운 새'라는 뜻인 앙키오르니스라고 이름을 지었어요. 우리나라에서는 안키오르니스라고도 해요.

몸길이는 30~60cm, 몸무게는 약 110g에서 최대 1kg으로 추정해요. 시조새로 알려진 아르카이옵테릭스보다 먼저 지구에 등장했으며, 현생 새와 가까운 무리인 파라베스의 초기 구성원이에요. 새와 매우 비슷하게 생겼지만 공룡 특징이 더 두드러졌어요. 이빨이 날카롭고 꼬리가 길며 앞다리도 뒷다리의 80%나 될 만큼 길고 날개에 발톱이 3개 달렸어요. 날개 폭은 50cm 정도로 후대 파라베스보다 좁았죠. 날개깃도 비행에 적합한 비대칭 칼깃이 아니었어요. 날갯짓할 때 필요한 근육을 지탱하는 거대한 흉골도 없었어요. 몸 구조는 나는 것보다는 땅을 빠르게 달리는 데에 더 알맞았죠.

날 수 없는 날개를 어디에 썼을까요? 여러 가설 중에 가파른 경사를 오를 때 썼으리라는 설도 있어요. 아직 날지 못하는 어린 새를 관찰한 결과, 덜 자란 날개여도 퍼덕일수록 더 가파른 경사를 오를 수 있다는 사실이 밝혀졌죠. 앙키오르니스도 그랬을지 몰라요. 또한 소화되지 않은 뼈나 털을 뱉어 낸 덩어리, 펠릿이 발견된 최초의 공룡이에요. 이 점도 새와 닮았죠.

지금까지 연조직 흔적이 있거나 깃털이 온전하게 보존된 화석을 비롯해 수백 개 화석이 발견됐어요. 심지어 화석 속 깃털에는 색깔을 알 수 있는 멜라노솜(멜라닌 색소를 만드는 작은 세포 기관)까지 남아 있었어요. 깃털은 주로 검었고 이따금 끝이 검은 흰색이기도 했어요. 까막딱다구리처럼 머리에 붉은 우관이 있었어요. 그런데 어떤 표본에서는 우관이 붉지 않은 것으로 보아 아마 붉은 우관은 성체의 표식이거나 아종 간의 차이점이었던 것 같아요.

양키오르니스

쥐라기 후기 | 용반목 수각아목
아르카이옵테릭스 *Archaeopteryx*

1860년(또는 1861년)에 독일 졸른호펜에서 검은 깃털 화석이 발견됐어요. 같은 해에 최초의 골격 표본인 런던 표본이 발견됐고 1874년(또는 1875년)에는 역시 독일에서 가장 유명한 표본인 베를린 표본이 발견됐죠.
1861년에 독일 고생물학자 헤르만 폰 마이어가 '고대의 날개'라는 뜻인 아르카이옵테릭스라고 이름을 지었어요.

몸길이 최대 50cm, 몸무게 0.5~1kg으로 추정해요. 까마귀와 크기가 비슷한 이 작은 공룡은 시조새라는 이름으로 더 잘 알려져 있죠. 다윈이 『종의 기원』을 발표한 지 2년 만에 발견된 아르카이옵테릭스는 오랫동안 공룡과 새의 관계를 이어 주는 존재로 여겨졌어요. 많은 이빨, 3개인 앞발가락과 갈고리발톱, 긴 꼬리는 수각류와 닮았지만 깃털과 날개가 있었기 때문이죠. 그러나 현대에 들어 앙키오르니스, 시아오팅기아 같이 아르카이옵테릭스보다 더 오래된 깃털 공룡이 속속 발견되면서 아르카이옵테릭스는 최초의 새라는 지위를 잃어버렸어요.

그렇지만 아르카이옵테릭스가 새와 밀접한 공룡이라는 점은 여전해요. 새처럼 날갯짓할 때 필요한 가슴 근육을 지탱할 만한 흉골은 없었지만 가슴 근육에 붙은 뼈인 창사골과 오훼골이 두꺼워 제법 강한 근육을 버틸 수 있었을 거예요. 이와 더불어 낮고 느리게 나는 새처럼 날개깃이 다소 비대칭이며, 다리에도 비행을 돕는 작은 날개깃이 있었어요. 다만 새처럼 날개를 등 위쪽으로 완전히 올릴 수는 없었기에 완벽하게 날지는 못했을 거예요. 그래도 꿩 정도로는 날 수 있지 않았을까 추정해요.

학명을 지을 때 표본으로 삼은 깃털 화석이 아르카이옵테릭스가 아닐 수도 있다는 주장이 나온 적이 있어요. 그러나 최근 연구에서는 아르카이옵테릭스가 맞다고 봐요. 깃털 화석에 남아 있던 멜라노솜을 분석한 바에 따르면 아르카이옵테릭스의 깃털 색은 광택이 없는 검정이었을 거예요.

아르카이옵테릭스

쥐라기 후기 | 용반목 수각아목

이 *Yi*

> 중국 어느 채석장에서 현지 농부가 화석을 처음 발견했어요.
> 이후 화석은 산둥성 천우자연사박물관에 팔렸어요.
> 2015년에 북경어로 '날개'라는 뜻인 이라고 이름이 지어졌어요.

크기가 비둘기 정도밖에 되지 않는 작은 공룡이에요. 지금까지 상반신과 뒷다리 뼈 일부가 남은 화석 하나만 발견됐지만 이것만으로도 충분히 놀라운 사실이 밝혀졌죠. 우선 이는 온몸이 깃털로 덮여 있었어요. 머리에서 몸으로 갈수록 깃털은 빽빽해졌고 가장 긴 깃털은 6cm 정도였어요.

팔(앞다리)과 손가락이 매우 길었고 특이하게도 손목에서부터 길게 뾰족한 뼈가 뻗어 나와 있었어요. 이 뼈는 손목뼈의 일부가 변형된 것이거나 딱딱한 연골일 수 있으며 날개 같은 비막(얇은 피부막)을 지탱했어요. 이런 구조는 익룡이나 날다람쥐, 박쥐에서도 확인할 수 있어요. 아직 비막의 정확한 형태는 알 수 없어요. 이가 발견되면서 몸집이 작고 꼬리가 짧으며 깃털이 있고 손가락뼈가 긴 스칸소리옵테릭스과 공룡에게도 비막이 있었으리라 추측하게 됐죠. 이후 비막이 달린 암봅테릭스가 발견됐고 이로써 스칸소리옵테릭스과는 새와 다른 방식으로 하늘을 오간 공룡 무리였다는 사실이 밝혀졌어요.

다만 지금까지 연구에 따르면 이가 박쥐처럼 자유롭게 날아다니지는 못했을 것 같고, 하늘다람쥐나 날도마뱀처럼 비막을 써서 나무와 나무 사이를 미끄러지듯 오갔을 가능성이 커요.

쥐라기 후기 | 공룡상목 킬레사우루스속
킬레사우루스 *Chilesaurus*

; 2004년 2월 4일, 지질학자인 부모님과 함께
장식용 돌을 찾던 7살 소년 디에고 수아레스는
칠레 아이센에서 공룡 척추뼈와 갈비뼈 화석을 발견했어요.
이후 추가로 같은 공룡 화석이 발견됐고 2015년에
'칠레 도마뱀'이라는 뜻인 킬레사우루스라고 이름이 지어졌어요.
우리나라에서는 칠레사우루스라고도 해요.

몸길이는 3.2m 정도로 추정해요. 2008년에 추가로 킬레사우루스의 화석이 여러 개 발견됐지만 당시에는 각기 다른 공룡의 화석으로 여겨졌어요. 킬레사우루스는 수각류, 용각류, 조반류의 특징을 두루 갖추고 있었기 때문이죠.

긴 발톱이 2개 달린 짧은 앞다리와 긴 뒷다리는 날렵한 소형 수각류의 특징과 같죠. 그러나 넓은 뒷발에는 발가락이 4개 달렸고 엄지발가락은 거대했으며 정강이뼈의 돌기가 작아 빠르게 달리는 데에는 알맞지 않았어요. 이런 특징은 수각류보다 초기 용각류와 더 비슷하죠. 주걱처럼 생긴 이빨이 앞으로 나 있는 점도 초식 공룡의 특징이고요. 골반이 치골 뒤쪽으로 향한 점으로 미루어 보면 조반류 같기도 해요. 식물을 소화하려면 창자가 거대해야 하고 그러면 치골이 뒤쪽으로 향하게 돼요. 이런 특징은 초식성으로 변한 수각류에서도 나타나고요.

현재 대부분 고생물학자는 공룡을 큰 틀에서 조반류와 용반류로 나누지만 일부 고생물학자는 조반류와 수각류를 하나로 묶은 오르니토스켈리다와 헤레라사우루스과와 용각류를 하나로 묶은 용반류로 나눠야 한다고 주장해요. 킬레사우루스를 조반류와 수각류를 연결하는 공룡이라고 여기면서요. 킬레사우루스가 어떤 공룡이었는지 정확히 알려면 연구가 더 이루어져야 할 것 같아요.

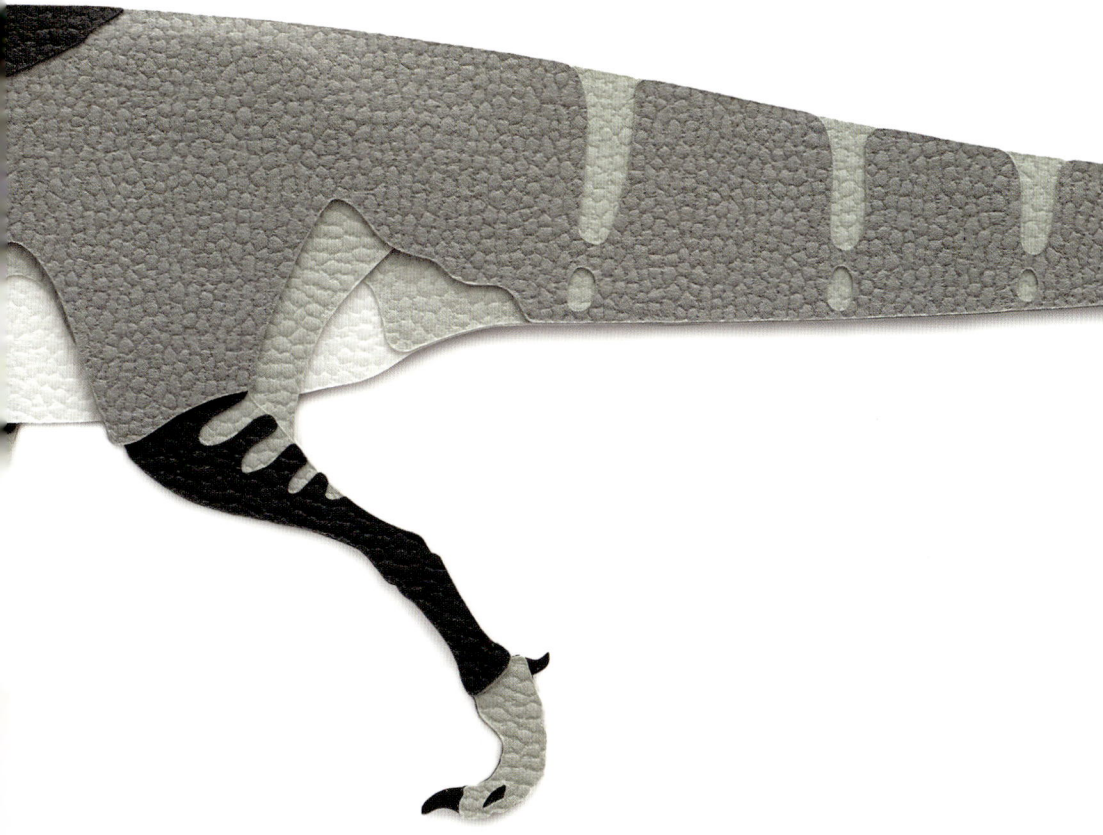

킬레사우루스

뼈 전쟁

1897년, 죽음을 앞둔 어떤 남자가 자기 머리뼈를 펜실베니아대학에 기증하겠다는 의사를 밝혔어요. 머리뼈 크기를 측정해 자기 지능이 평생의 라이벌보다 높다는 사실을 증명하고 싶었던 거죠. 이 남자는 생전에 논문 1,400편을 출판하고 척추동물 1,000여 종을 발견한 미국 고생물학자 에드워드 드링커 코프였어요. 그가 증오해 마지않은 라이벌은 미국 고생물학자 오스니얼 찰스 마시였죠. 공룡을 좋아하는 사람이라면 절대 모를 수 없는 이 두 고생물학자는 공룡 연구에 길이 남는 위대한 업적을 남겼지만 일명 뼈 전쟁으로 불리는 두 사람의 격렬한 화석 발굴 경쟁은 과학계에 큰 오명으로 남았어요.

처음부터 둘 사이가 나빴던 것은 아니에요. 오히려 서로의 이름을 따 학명을 지을 만큼 친밀했어요. 그러나 성격과 생각 차이로 사이가 점점 벌어지다가 1869년에 코프가 수장룡 엘라스모사우루스의 머리와 꼬리를 반대로 복원한 것을 마시가 지적하며 완전히 멀어졌어요. 그리고 1870년대에 미국 서부에서 거대한 공룡 화석이 대량으로 발견되면서 뼈 전쟁의 서막이 올랐죠. 두 사람의 화석 발굴 경쟁이 활활 타오르던 어느 날, 마시의 인부가 발굴한 화석을 실수로 코프에게 보내는 일이 생겼어요. 코프는 화석을 바로 마시에게 돌려줬지만 둘 사이에는 적개심만 남게 됐죠. 코프와 마시는 서로의 발굴지에서 몰래 화석을 캐내려고 인부들을 매수했어요. 인부들마저 편이 갈라져 총으로 무장하고 서로를 향해 돌을 던지기까지 했죠. 어느새 두 사람은 공룡 연구보다 상대를 이기는 데에 치중했기에 화석 발굴은 조급하고 부주의하게 이루어졌어요. 그러면서 둘은 서로의 발견을 깎아 내리기에도 바빴죠.

뼈 전쟁은 마시가 프랑스 과학아카데미에서 최고의 고생물학상인 '퀴비에 메달'을 받아 승리하며 끝난 것처럼 보였어요. 그러나 두 사람 모두 인생이라는 전쟁에서는 똑같이 비참하게 패배했죠. 과도한 화석 발굴 경쟁으로 둘 다 거의 파산했어요. 코프는 생계가 어려워 죽기 2년 전에 평생 모은 컬렉션을 미국의 여러 자연사박물관에 헐값에 팔아야 했어요. 마시는 집이 저당 잡히고 예일대학에 생활비를 요청해야 했고요. 정작 이 전쟁의 최종 승자는 공룡 화석으로 가득해진 미국 자연사박물관들이었어요.

두 사람이 뼈 전쟁을 치르며 발견한 공룡은 코프가 56종, 마시가 80종으로 총 136종에 이르러요. 알로사우루스, 아파토사우루스, 트리케라톱스, 스테고사우루스처럼 유명한 공룡도 이 시기에 많이 발견됐어요. 뼈 전쟁 이전에 북아메리카에서 발견된 공룡이 고작 9종뿐이었던 점을 생각하면 두 사람이 화석 발굴에 지대한 공헌을 한 것은 틀림없어요. 그러나 연구 성과는 빛 좋은 개살구였어요. 발표 종 수를 늘리려는 데에만 급급해 어떤 종은 제대로 연구도 하지 않고 복원했기에 후대 고생물학자들은 뼈를 올바르게 맞추는 데에만 수십 년을 허비해야 했죠.

지금 고생물학자들이 타임머신을 타고 공룡 시대로 간다면 가장 확인하고 싶은 것은 공룡 색깔이 아닐까 해요. 화석에는 대부분 뼈만 있어 색깔은 알 수가 없으니까요. 2010년 무렵 깃털 공룡 화석에서 멜라노솜이 발견된 것은 그래서 엄청난 일이었어요.

매우 잘 보존된 깃털 화석을 주사전자현미경으로 들여다보니 좁쌀처럼 생긴 알갱이가 보였어요. 이 알갱이를 두고 두 가지 가설이 나왔어요. 깃털을 분해하던 대장균을 비롯한 미생물이라는 설과 멜라닌 색소를 만드는 작은 세포 기관인 멜라노솜이라는 설이었죠. 미생물과 멜라노솜은 실제로 매우 비슷하게 생겼어요. 과학자들은 화석에 있는 흔적이 둘 중 무엇인지 알아내고자 현생 동물의 미생물, 멜라노솜에 이온 빔을 쏴서 반사되는 이온을 분석했죠. 이런 방법을 2차 이온 질량 분석법이라고 해요. 분석 결과 깃털 화석에 있던 흔적은 미생물보다 멜라노솜에 더 가까웠어요.

이를 바탕으로 깃털 공룡 화석 연구가 이루어졌고 우리는 수천만 년을 뛰어넘어 앙키오르니스를 비롯해 미크로랍토르, 아르카이옵테릭스, 시노사우롭테릭스, 카우딥테릭스의 색깔을 알게 됐죠. 프시타코사우루스는 깃털뿐만 아니라 피부와 비늘에도 멜라노솜이 남아 있어 몸 색깔이 갈색이었다는 사실이 밝혀졌어요. 카이홍은 목이 벌새처럼 다채로운 구조색(외부에서 들어오는 빛과 보는 각도에 따라 달라지는 색)으로 빛났으며, 베이피아오사우루스는 깃털이 갈색이었다는 것을 알게 됐죠. 콘푸키우소르니스는 몸이 어두우며 날개는 흰색이거나 카로티노이드 색소(노랗거나 붉은 색소)로 이루어졌으리라 추정하며, 시노르니토사우루스는 깃털이 얼룩덜룩했으리라 짐작해 볼 수 있어요. 공룡뿐만 아니라 신생대 초기 펭귄인 잉카야쿠와 중생대 해양 파충류인 모사사우루스류, 뱀류 등 다양한 고생물의 색깔 또한 속속 밝혀지고 있어요.

너의 색깔은

The Encyclopedia of Dinosaur

백악기

Iguanodon	*Deinonychus*	*Maiasaura*	*Koreanosaurus*	*Spinosaurus*
Ouranosaurus	*Microraptor*	*Stegoceras*	*Argentinosaurus*	*Giganotosaurus*
Koreaceratops	*Utahraptor*	*Pachycephalosaurus*	*Gallimimus*	*Tarbosaurus*
Psittacosaurus	*Sinosauropteryx*	*Protoceratops*	*Deinocheirus*	*Megaraptor*
Borealopelta	*Caudipteryx*	*Styracosaurus*	*Velociraptor*	*Carnotaurus*
Amargasaurus	*Baryonyx*	*Pachyrhinosaurus*	*Buitreraptor*	*Tyrannosaurus*
Acrocanthosaurus	*Nigersaurus*	*Triceratops*	*Halszkaraptor*	
Yutyrannus	*Parasaurolophus*	*Chasmosaurus*	*Oviraptor*	
Concavenator	*Lambeosaurus*	*Ankylosaurus*	*Therizinosaurus*	

이구아노돈
오우라노사우루스
코레아케라톱스
프시타코사우루스
보레알로펠타
아마르가사우루스
아크로칸토사우루스
유타란누스
콩카베나토르

데이노니쿠스
미크로랍토르
우타랍토르
시노사우롭테릭스
카우딥테릭스
바리오닉스
니게르사우루스
파라사우롤로푸스
람베오사우루스

마이아사우라
스테고케라스
파키케팔로사우루스
프로토케라톱스
스티라코사우루스
파키리노사우루스
트리케라톱스
카스모사우루스
안킬로사우루스

코레아노사우루스
아르겐티노사우루스
갈리미무스
데이노케이루스
벨로키랍토르
부이트레랍토르
할스즈카랍토르
오비랍토르
테리지노사우루스

스피노사우루스
기가노토사우루스
타르보사우루스
메가랍토르
카르노타우루스
티라노사우루스

백악기 초기 | 조반목 조각하목

이구아노돈 *Iguanodon*

1822년, 영국 지질학자이자 고생물학자였던 기디언 맨텔의 부인 메리 앤이 특이한 이빨 화석을 발견했어요. 영국 왕립학회에서는 코뿔소의 이빨이라 생각했지만 맨텔과 프랑스 동물학자 조르주 퀴비에는 이구아나와 비슷한 거대 초식 파충류의 이빨일 것이라 확신했죠. 그래서 1825년에 맨텔은 '이구아나의 이빨'이라는 뜻인 이구아노돈이라고 이름을 지었어요.

몸길이 8~11m, 몸무게 3~4.5t으로 추정해요. 메갈로사우루스에 이어 두 번째로 학명을 얻어 학계에 발표된 공룡이며 첫 번째로 발견된 초식 공룡이에요. 그래서 이구아노돈의 모습은 공룡 연구가 발전함에 따라 계속 바뀌어 갔어요. 처음에 고생물학자 리처드 오언은 이구아노돈을 거대하고 굼뜬 도마뱀으로 묘사했어요. 거대한 엄지손톱은 코 뿔로 오인했고요. 그러던 1878년 2월 28일, 벨기에 베르니사르에 있는 탄광 지하 322m 지점에서 잘 보존된 이구아노돈 화석이 대거 발견됐어요. 최소 38마리는 될 양이었죠. 화석 복원을 담당한 벨기에 왕립자연사박물관의 루이스 돌로는 이구아노돈이 이족 보행할 수 있었다는 사실은 알아챘지만 복원 기준을 캥거루와 화식조로 삼는 실수를 하고 말았어요. 이구아노돈 상체를 어떻게든 캥거루처럼 세우고자 힘줄로 고정된 꼬리를 부러뜨려 구부렸죠. 이구아노돈이 지금처럼 수평으로 고정된 꼬리를 되찾기까지는 수십 년이 걸렸어요.

이구아노돈은 평소에는 긴 팔(앞다리)까지 써서 사족 보행했지만 필요할 때는 이족 보행하기도 했어요. 예전에는 거대한 엄지손톱을 포식자를 찌르는 무기로 여겼지만 최근에는 단단한 열매를 부수거나 경쟁자 또는 적을 위협하는 데에 썼으리라 추정해요. 새끼손가락은 따로 유연하게 움직일 수 있어서 무언가를 잡는 데에 썼을 것 같고요. 입을 다물면 머리뼈 안쪽에 있는 이빨들이 서로 맞물리며 위턱이 바깥쪽으로 밀리는 구조예요. 이때 서로 평행하는 윗니와 아랫니가 부딪히며 이빨 사이로 식물이 갈려요. 포유류가 먹이를 씹는 동작과 비슷하죠. 다른 초식 공룡보다 훨씬 거친 식물도 먹을 수 있었고 이빨은 닳으면 평생 새로 난 덕분에 매우 번성할 수 있었어요.

> 벨기에 왕립자연사박물관에서는 루이스 돌로가 잘못 복원한 이구아노돈을 지금도 전시하고 있어요. 화석들이 너무 약해서 다시 손댈 수가 없거든요. 대신 최근 연구 결과를 반영해 제대로 복원한 이구아노돈도 함께 전시해 놓았어요.

백악기 초기 | 조반목 조각하목

오우라노사우루스 *Ouranosaurus*

; 1965년에서 1972년, 고생물학자
필립 타케가 이끄는 프랑스 고생물학 원정대가
서아프리카 니제르 사하라사막의
가두파우아에서 처음 화석을 발견했어요.
이후 온전한 골격이 2개 더 발견됐죠.
1976년에 아랍어로 '용감한 도마뱀'이라는
뜻인 오우라노사우루스라고
이름이 지어졌어요.

몸길이 7~8m, 몸무게 약 2.2t으로 추정해요. 하드로사우루스형류(하드로사우루스과와 밀접한 분류군) 중 제법 큰 편이며, 머리뼈는 67cm로 무리 중에서는 가장 길었어요. 하드로사우루스류의 볏(110쪽 참조)이나 각룡류의 프릴(126쪽 참조)처럼 두드러지는 특징 없이 정수리 부근에 뿔처럼 생긴 작은 볏만 하나 있었어요. 주둥이 앞부분은 이빨이 없고 케라틴으로 이루어진 부리로 덮여 있었어요. 턱 안쪽에는 이빨이 위아래 각각 22개씩 줄지어 나 있었어요. 턱뼈 속에는 교체될 예비 이빨들이 있었고요.

앞다리가 제법 길어서 주로 사족 보행했겠지만 이족 보행도 가능했을 거예요. 이구아노돈처럼 가시 같은 엄지손톱과 무언가를 집을 수 있는 새끼손가락이 있어서 한때는 이구아노돈과로 분류되기도 했죠.

가장 큰 특징은 거대한 척추 가시인 신경배돌기예요. 가장 긴 신경배돌기는 약 63cm에 달했죠. 신경배돌기가 끝으로 갈수록 좁아지는(돛이 달린) 동물 디메트로돈과 반대로 오우라노사우루스는 끝으로 갈수록 넓어졌어요. 신경배돌기는 모양 때문에 들소나 낙타처럼 지방이나 근육으로 이루어진 혹이라는 견해도 있지만 화석 흔적을 보면 얇은 연조직으로 덮여 있었을 것 같아요. 체온을 조절할 때 썼을 것이라는 가설도 있지만 신경배돌기의 혈관 형성 밀도가 낮아 그보다는 구애하거나 과시할 때 썼을 가능성이 커요.

백악기 초기 | 조반목 각룡하목
코레아케라톱스 *Koreaceratops*

몸길이 1.8m 정도로 추정하며 아직 뿔이 없었던 초기 각룡류예요(126쪽 참조). 발견 당시 화석이 들어 있던 모암에는 인위적으로 잘린 흔적이 있었어요. 방조제로 쓸 돌을 캐면서 전신이 온전했을지도 모르는 화석 일부가 유실된 것으로 보여요. 그래서 발견된 화석은 뒷다리 뼈와 36개 꼬리뼈, 엉덩뼈를 포함한 하반신뿐이죠. 화석 속 개체는 8살 정도로 추정하며, 뼈 조직이 많이 분해된 흔적으로 보아 백악기 한반도는 반건조 기후 지역이었을 것 같아요.

꼬리에 있는 신경배돌기(척추 가시)는 척추 마디보다 5배 정도 높아 마치 지느러미처럼 보였어요. 이 때문에 한때 반수생 동물이 아닐까 하는 주장도 있었지만 이런 꼬리는 프로토케라톱스 같은 초기 각룡류의 특징이었죠. 코레아케라톱스는 아시아에서 기원해 북아메리카로 이주했으리라 추측되는 각룡류 진화의 퍼즐 한 조각을 맞출 공룡으로 주목받았어요. 최근 연구에 따

2008년, 경기도 화성시 전곡항 탄도방조제에서
청소 작업을 하던 화성시 공무원이 처음 화석을 발견했어요.
2011년에 대한민국 고생물학자 이융남 박사가
'한국의 뿔 달린 얼굴'이라는 뜻인 코레아케라톱스라고 이름을 지었어요.
우리나라에서는 코리아케라톱스라고도 해요.
2022년 10월 7일, 우리나라에서 공룡 골격 화석으로는 처음으로
코레아케라톱스 화석이 천연기념물로 지정됐어요.

르면 프시타코사우루스와 아르카이오케라톱스 같은 초기 각룡류보다는 프로토케라톱스처럼 조금 더 진화한 각룡류에 가까워 보여요.
초기 각룡류 화석들이 경기도 안산시와 부산 두도를 비롯해 우리나라 여러 지역에서 발견되고 있어요. 언젠가 코레아케라톱스의 화석도 추가로 발견될지 몰라요.

2014년에 부산 두도에서 발견된 골격은
아르카이오케라톱스나 아우로라케라톱스일
가능성이 크다고 해요.

백악기 초기 | 조반목 각룡하목

프시타코사우루스 *Psittacosaurus*

> 1922년, 오비랍토르와 프로토케라톱스, 벨로키랍토르의 화석을 발견한 미국 자연사박물관 고비사막 탐험대가 세 번째 탐사에 나섰어요. 이때 탐험대 운전기사가 작은 각룡류 화석을 발견했죠. 1923년에 고생물학자 헨리 페어필드 오스본이 '앵무새 도마뱀'이라는 뜻인 프시타코사우루스라고 이름을 지었어요.

• 보존 상태가 좋은 공룡 화석에서 발견되는 연조직은 말랑말랑하지 않고 단단한 광물로 변해 있어요.

몸길이 약 2m, 몸무게 약 20kg으로 추정해요. 백악기 초기 아시아에서 가장 번성한 초식 공룡 중 하나였을 거예요. 초기 각룡류이지만 앞발가락이 5개인 후대 각룡류와 달리 4개뿐이어서 이들의 직접 조상은 아니었으리라 봐요. 지금까지 발견된 화석만 해도 400개가 넘는 것으로 알려져요. 프시타코사우루스 무리는 최대 12종으로 추측해요. 현생 조류를 제외하고 가장 많은 종이 발견된 공룡이죠.

2004년, 몸집이 작은 프시타코사우루스 34마리와 몸집이 큰 프시타코사우루스 한 마리가 함께 있는 화석이 발견됐어요. 그러나 연구 결과, 작은 개체 중에서는 24마리만이 진짜 프시타코사우루스였어요. 처음 발견된 상태는 민간 화석 시장을 거치며 약간 조작된 모습이었던 거죠. 작은 개체들은 아기였고, 몸집이 큰 개체는 머리뼈 크기로 보아 4~5살 청소년으로 추정돼요. 프시타코사우루스는 8살이 넘어야 어른이 되기 때문에 이 청소년 개체는 형제자매 혹은 보모로서 아기 공룡들을 돌본 것 같아요. 일부 현생 조류처럼 협력 육아를 한 공룡도 있었던 거죠.

어떤 화석에는 연조직이 잘 보존되어 있어 피부는 물론 깃털까지 남아 있어요. 현생 조류와 달리 깃털은 꼬리에서 뻗어 나왔으며 길고 뻣뻣했어요. 조반류에서 깃털이 확인된 것은 프시타코사우루스가 처음이에요. 2016년에는 화석에 남은 멜라노솜을 연구해 피부색도 알아냈어요. 전체적으로 어두운 갈색이었지만 배는 조금 더 밝았어요. 이러면 햇빛을 받는 등 쪽과 그림자가 지는 배 쪽의 밝기가 비슷해져 몸에 나타나는 입체감이 줄어 주변 환경에 몸을 잘 숨길 수 있죠. 이런 색상 패턴을 카운터쉐이딩(방어피음)이라고 하며, 현생 동물에게서도 나타나요. 또한 같은 화석에서 생식과 배변, 배뇨 기관인 총배설강과 난황 흔적인 배꼽이 확인됐어요. 형태는 현생 악어와 매우 비슷해요. 그러나 해당 화석 개체는 아직 다 자라지 않은 6~7살로 추정되기에 성별은 알 수가 없어요.

프시타코사우루스

백악기 초기 | 조반목 곡룡하목

보레알로펠타 *Borealopelta*

몸길이 약 5.5m, 몸무게 약 1.3t으로 추정해요. 몸을 덮은 뼈 갑옷이 인상적인 곡룡류이며 그중에서도 안킬로사우루스과와 달리 꼬리에 뼈 곤봉이 없는 노도사우루스과에 속하죠.

2011년 3월 21일, 캐나다 앨버타주 광산에서 여느 때처럼 암석과 모래를 퍼내던 중장비 기사는 거대한 암석 덩어리를 발견했어요. 이따금 고대 나무 조각 화석이 나오곤 했지만 이 암석에는 이전에는 본 적 없는 고대 생명체의 흔적이 있었어요. 조심스럽게 발굴 작업이 시작됐지만 불행히도 암석 덩이가 너무 무거운 바람에 크레인으로 들어올리는 과정에서 여러 조각으로 부서지고 말았어요. 그 탓에 화석을 복원하는 데에 무려 6년이 걸렸어요. 이후 공개된 화석은 상반신뿐이었지만 마치 살아 있는 것처럼 보였어요.

화석은 보존 상태가 매우 좋아 겉모습뿐만 아니라 연조직도 확인할 수 있었죠. 배 속에는 소화되지 못한 양

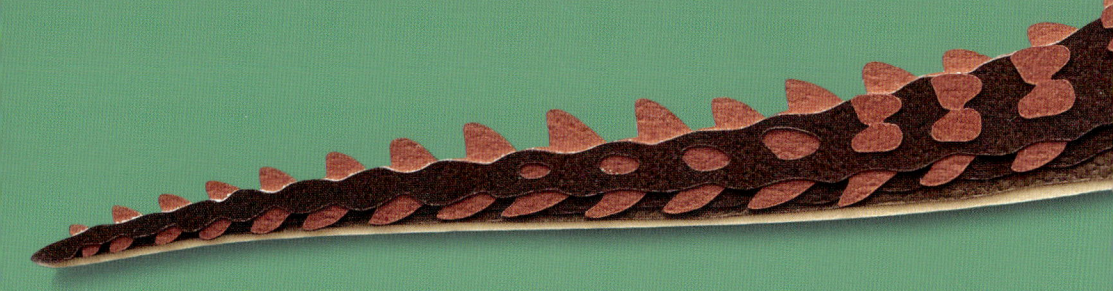

치류와 소화를 돕는 위석이 남아 있었어요. 숯도 포함되어 있는 것으로 보아 보레알로펠타는 산불이 난 후 다시 자라난 양치류를 먹은 것 같아요. 아쉽게도 화석에서 멜라노솜은 발견되지 않았지만 화석에 남은 화학 증거를 보면 황을 함유하고 붉은색을 띠는 페오멜라닌을 확인할 수 있어요. 이를 바탕으로 보레알로펠타는 등 부분은 어두운 적갈색에 가까웠고 배 쪽으로 갈수록 색이 밝아졌다는 사실을 알 수 있어요. 이와 같은 카운터쉐이딩은 현대 대형 동물에서는 거의 볼 수 없어요. 이 점을 미루어 생각하면 중생대는 보레알로펠타 같은 거대한 공룡도 포식자를 피하고자 위장색을 써야 했을 만큼 치열한 시기였다는 것을 알 수 있어요. 한편 어깨 골침은 몸 색깔과 달리 밝은 색상으로 확인됐어요. 어깨 골침을 구애하거나 과시할 때 썼을 가능성이 크다는 뜻이죠.

2011년, 캐나다 앨버타주 광산에서 화석이 발견됐어요. 화석은 14일에 걸쳐 발굴됐고 오랜 복원 작업 끝에 2017년 5월 12일, 캐나다 왕립 티렐박물관에서 대중에게 공개됐어요. 같은 해에 '북쪽 방패'라는 뜻인 보레알로펠타라고 이름이 지어졌어요.

보레알로펠타

백악기 초기 | 용반목 용각아목

아마르가사우루스 *Amargasaurus*

몸길이 9~13m, 몸무게 2.6~4t으로 추정하니 용각류 중에서는 작은 편이죠. 13개 뼈로 이루어진 목도 용각류치고는 상당히 짧았고요. 짧은 목에는 아주 긴 신경배돌기(척추 가시)가 2줄로 나 있었으며 가장 긴 돌기는 60cm에 이르렀죠. 신경배돌기는 몸 뒤쪽으로 구부러지며 끝으로 갈수록 뾰족해졌어요.

어떤 고생물학자들은 신경배돌기가 소뿔처럼 날카로운 케라틴으로 덮여 있어서 몸을 방어하는 용도라고 생각했어요. 또 어떤 고생물학자들은 신경배돌기에 디메트로돈처럼 피부막으로 연결된 돛이 2줄 있었으리라 보기도 했죠. 돛이 있는 동물의 신경배돌기는 단면이 납작하지만 아마르가사우루스의 신경배돌기는 단면이 볼록했어요. 그리고 돛이 있었다고 하기에는 신경배돌기 사이사이가 좁았고, 신경배돌기 표면에는 주름진 흔적도 있어서 케라틴으로 덮여 있었을 것이라는 주장에 힘이 실렸어요. 이런 이유로 아마르가사우루스는 오랫동안 목에 날카로운 뿔이 줄지어 나 있는 모습으로 복원됐어요. 그러나 아마르가사우루스와 아직 이름이 붙지 않은 디크라에오사우루스과 공룡의 신경배돌기를 연구한 결과, 신경배돌기 표면에는 혈관 흔적과 주기적으로 성장한 흔적이 있었죠. 그러니까 아마르가사우루스의 신경배돌기는 케라틴이 아닌 피부로 덮여 있었을 가능성이 더 커 보여요.

아마르가사우루스의 머리는 아래로 65° 정도 기울어져 있었어요. 목은 신경배돌기 때문에 2.7m 이상 들어 올리지 못했을 테니 키가 작은 식물을 먹었을 거예요. 그러면서 같은 시기, 장소에 살았던 거대한 티타노사우루스과 공룡들과 먹이 경쟁을 피했겠죠.

, 1984년, 아르헨티나 고생물학자 호세 보나파르트가
이끄는 탐사대는 8번째 탐사에서 기이한 용각류 화석을 발견했어요.
화석이 발견된 아르헨티나의 지역명(La Amarga Arroyo)을 따서
1991년에 '아마르가의 도마뱀'이라는 뜻인
아마르가사우루스라고 이름이 지어졌어요.

백악기 초기 | 용반목 수각아목

아크로칸토사우루스 *Acrocanthosaurus*

1940년대 초, 어떤 공룡의 골격 일부가 발견됐어요. 이후 같은 공룡의 화석이 미국 오클라호마주, 텍사스주, 와이오밍주, 메릴랜드주 등 북아메리카 대륙 곳곳에서 발견됐죠. 1950년에 고생물학자 윌리스 스토발과 완 랭스턴은 화석의 높은 신경배돌기(척추 가시)를 특징으로 삼아 '높은 가시(척추) 도마뱀'이라는 뜻인 아크로칸토사우루스라고 이름을 지었어요.

미국 콜로라도주의 화석 산지 바닥에서
발톱으로 긁어낸 것 같은
평행한 홈이 2줄 발견됐어요.
일부에서는 수각류의 발자국 화석도 발견됐죠.
고생물학자들은 이것을 공룡들이 모여
구애 춤을 춘 흔적이라고 추측해요.
그리고 아크로칸토사우루스는
구애 춤을 췄을 공룡으로 가장 유력하고요.

몸길이 최대 11.5m, 몸무게 4.4~6.6t으로 추정하는 백악기 초기 거대한 수각류예요. 크기가 거의 티라노사우루스와 맞먹죠. 머리뼈 길이만 해도 1.3m에 이르러요. 머리뼈는 높이가 낮고 양옆으로 좁으며 머리뼈 구멍 중 하나인 전안와창이 매우 커요. 두꺼운 눈썹 모양인 뼈는 카르카로돈토사우루스과 공룡의 전형이죠. 입안에는 먹잇감의 근육을 자르는 날카로운 톱날 모양 이빨이 가득했어요.

무엇보다 가장 큰 특징은 이름에서도 알 수 있듯이 높은 신경배돌기예요. 기능은 아직 밝혀지지 않았어요. 아메리카들소처럼 거대한 근육을 지탱했을 것이라는 의견도 있었지만 아크로칸토사우루스의 신경배돌기에는 두꺼운 근육의 흔적이 보이지 않았어요. 낙타처럼 지방을 저장하는 용도였다거나 짝을 찾거나 같은 종끼리 서로를 인식하는 데에 썼을 것이라는 등 다양한 가설이 있어요.

대형 수각류가 대개 그렇듯 아크로칸토사우루스도 앞다리가 매우 짧았어요. 발가락 3개에 각각 커다란 발톱이 달려 있었지만 움직일 수 있는 범위는 아주 좁았을 거예요. 그래서 먹잇감을 공격할 때에 적극적으로 쓰지는 못했겠지만 먹잇감을 몸 쪽으로 단단히 붙드는 데에는 쓸모가 있었을 거예요.

한국에서도 아크로칸토사우루스와 형태가 매우 비슷한 카르카로돈토사우루스과 공룡의 이빨 화석이 발견된 적이 있어요.

백악기 초기 | 용반목 수각아목

유티란누스 *Yutyrannus*

몸길이 7~9m, 몸무게 약 1t이 넘는 것으로 추정해요. 유티란누스의 화석이 처음 학계에 보고됐을 때 고생물학자들은 물론 대중도 크게 놀랐어요. 깃털 흔적이 분명하게 보였거든요. 대형 수각류 화석에서 깃털이 발견된 것은 유티란누스가 처음이었어요. 솜털 같은 깃털이 거의 온몸을 덮고 있었어요. 일부는 20cm에 이를 정도로 길었죠. 유티란누스가 살던 당시 중국 랴오닝성의 연평균 기온은 10도 정도로 꽤 쌀쌀했어요. 그래서 깃털은 보온용이었으리라고 추정해요.

유티란누스는 3개짜리 앞발가락과 깃털, 화려한 볏이 있었지만 해부학적 특징은 티라노사우루스상과와 비슷한 점이 많아요. 그래서 한때는 티라노사우루스에게도 깃털이 있었다는 가설이 나오기도 했지만 화석 증거로 볼 때 티라노사우루스는 깃털이 없었을 확률이 높아요. 유티란누스는 프로케라토사우루스과로 분류되고요.

낮고 날렵한 머리에는 물결 모양 볏이 있었고, 눈 앞쪽에는 작은 뿔 모양 볏이 있었어요. 이런 볏은 과시용이었거나 이성을 유혹하거나 같은 종끼리 서로를 인식하는 용도였을 거예요. 유티란누스 화석을 보면 혀 근육과 관련 있는 설골 구조도 파악할 수 있어요. 악어처럼 매우 단순한 구조로 납작하고 고정되어 있어서 혀를 날름거릴 수 없었을 거예요. 각기 다른 연령대의 화석이 발견된 것을 보면 무리 지어 사냥했을 가능성이 있어요.

중국 랴오닝성의 채석장에서 대형 수각류 3마리의 화석이 발견됐어요. 고생물학자들은 해당 화석을 화석 딜러에게서 사들여 2012년에 '깃털 달린 폭군'이라는 뜻인 유티란누스라고 이름을 지어 학계에 보고했어요.

유티란누스

백악기 초기 | 용반목 수각아목
콩카베나토르 *Concavenator*

> 스페인 중부 쿠엥카 근처에 있는 라스 오야스 채석장에서
> 중대형 수각류의 온전한 화석이 발견됐어요.
> 2010년에 '쿠엥카의 사냥꾼'이라는 뜻인
> 콩카베나토르라고 이름이 지어졌어요.
> 우리나라에서는 콘카베나토르라고도 해요.

몸길이 약 6m, 몸무게 320~400kg으로 추정해요. 특출나게 거대한 육식 공룡은 아니지만 연조직을 포함해 매우 온전한 화석에서는 몇 가지 놀라운 특징이 보여요. 먼저 엉덩이 부근에 우뚝 솟은 척추뼈 2개예요. 일부 고생물학자들은 뼈 모양 그대로 좁고 뾰족한 볏이었을 것이라 보기도 하며 지방이나 근육으로 이루어진 커다란 혹이 붙어 있었을 것이라고 보기도 해요. 이성을 유혹하고 같은 종끼리 서로 인식하는 도구이거나 열을 방출하는 기관이라고 여기는 고생물학자들도 있고요.

척골에서는 깃혹(깃털이 들러붙는 점)으로 보이는 흔적도 발견됐어요. 그러나 화석에서는 깃털 말고 비늘 흔적만 보였기에 온몸을 덮는 깃털 말고 가시 형태인 초기 깃털이 앞다리를 따라 나 있었으리라 봐요. 한편 이 깃혹을 깃털이 아니라 근육이 들러붙은 점이라고 보는 고생물학자들도 있어요. 꼬리 밑면에는 뱀처럼 넓은 직사각형 비늘이 줄지어 있었어요. 발에는 현재 조류와 같은 미세한 비늘과 함께 두툼한 발바닥 패드도 있었고요. 거대한 육식 공룡도 발바닥은 말랑말랑했다는 거죠.

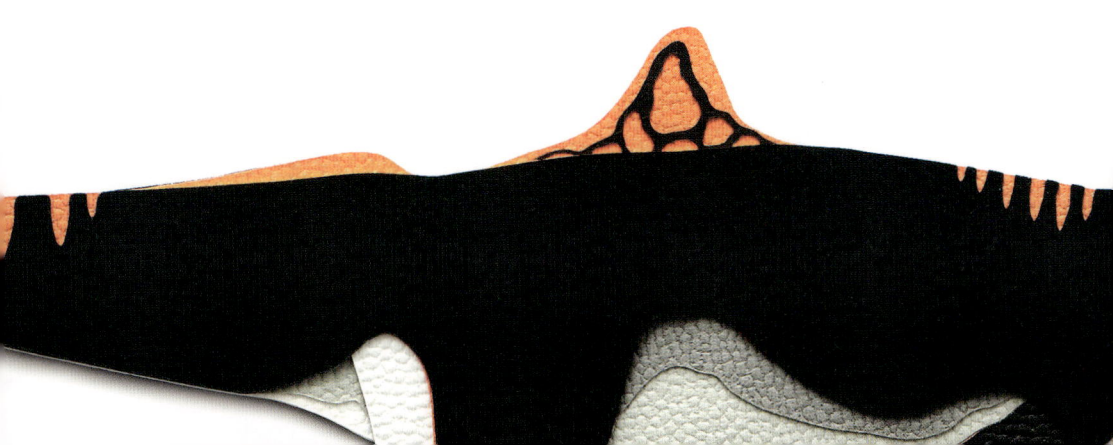

백악기 초기 | 용반목 수각아목
데이노니쿠스 *Deinonychus*

; 1931년에 고생물학자 바넘 브라운은
미국 몬태나주 남부에서 조각류 테논토사우루스와 뒤섞인
육식 공룡의 골격과 이빨을 발견하고 비공식적으로
답토사우루스와 메가돈토사우루스라고 불렀어요.
1964년에 고생물학자 존 오스트롬도 같은
공룡의 화석을 발견했어요.
1969년, 오스트롬은 이 공룡에게 '무서운 발톱'이라는 뜻인
데이노니쿠스라고 이름을 붙였어요.

몸길이 약 3.4m, 몸무게 60~73kg으로 추정해요. 이름에서도 알 수 있듯 뒷발에 거대한 갈고리발톱이 있는 전형적인 드로마이오사우루스과 공룡이죠. 갈고리발톱은 12cm가 넘었어요. 연구 초기에는 데이노니쿠스가 커다란 낫처럼 생긴 갈고리발톱으로 초식 공룡의 배를 갈랐을 것이라고 봤어요. 그러나 지금까지 연구 결과에 따르면 갈고리발톱은 먹잇감에게 치명타를 입히는 용도라기보다는 맹금류와 느시사촌처럼 먹잇감을 움켜쥐거나 고정하는 용도였을 가능성이 커 보여요. 일부 고생물학자들은 나무나 암벽을 오를 때 썼으리라 보기도 해요.

데이노니쿠스 발견 이전까지만 해도 공룡은 차가운 피가 흐르는, 거대하고 굼뜬 고대 파충류쯤으로 여겨졌어요. 도마뱀처럼 어기적거리며 꼬리를 땅에 끄는 모습으로 묘사됐죠. 그러나 데이노니쿠스는 지금의 새와 골격이 비슷하고 몸집이 작았으며 꼬리는 힘줄로 고정되어 있어 땅에 닿지 않고 수평으로 뻗어 있었어요. 민첩한 사냥꾼에 알맞은 생김새였죠. 데이노니쿠스가 발견되고부터 공룡은 따뜻한 피가 흐르고 새와 밀접하며 활발한 동물로 여겨졌어요. 바로 이때부터 공룡 르네상스(공룡에 대한 연구 및 대중의 관심이 높아진 시기)가 시작됐죠. 아직 화석에서 연조직은 발견되지 않았지만 연조직이 확인된 다른 드로마이오사우루스과 공룡 모두 온몸이 깃털로 덮여 있었기에 데이노니쿠스 또한 그랬으리라 추정해요.

거대한 초식 공룡 화석 주변에서 여러 마리 데이노니쿠스의 화석도 발견됐기에 이들이 무리 사냥을 하지 않았을까 하는 의견도 있었지만 최근 연구 결과를 보면 데이노니쿠스는 독립생활을 했을 가능성이 더 커요 (94쪽 참조).

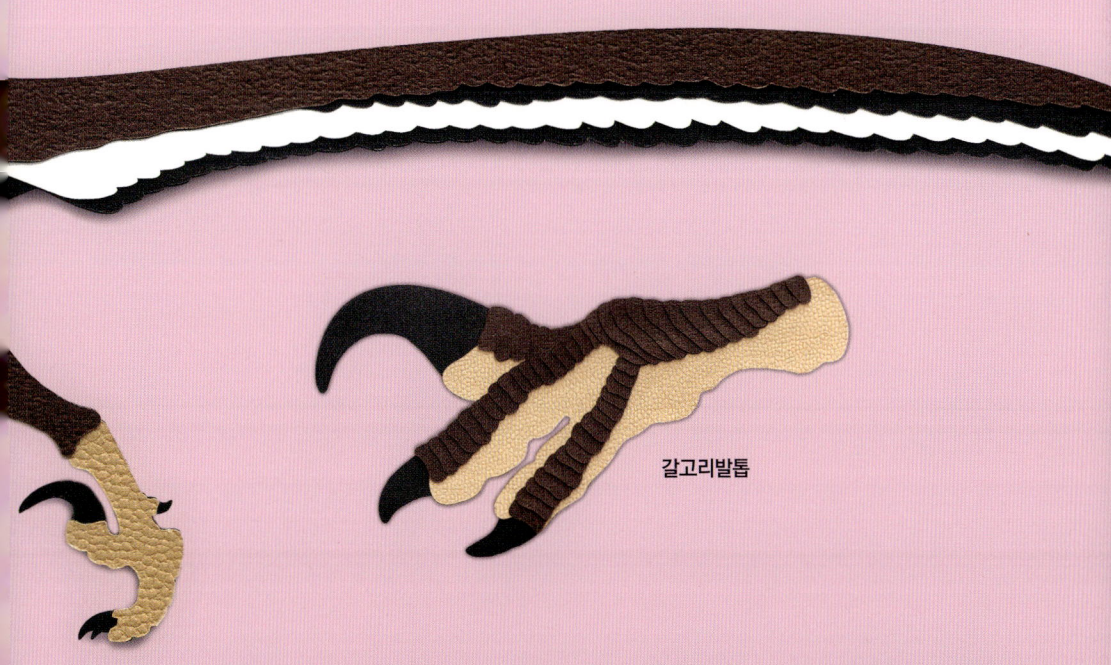

갈고리발톱

데이노니쿠스

백악기 초기 | 용반목 수각아목

미크로랍토르 *Microraptor*

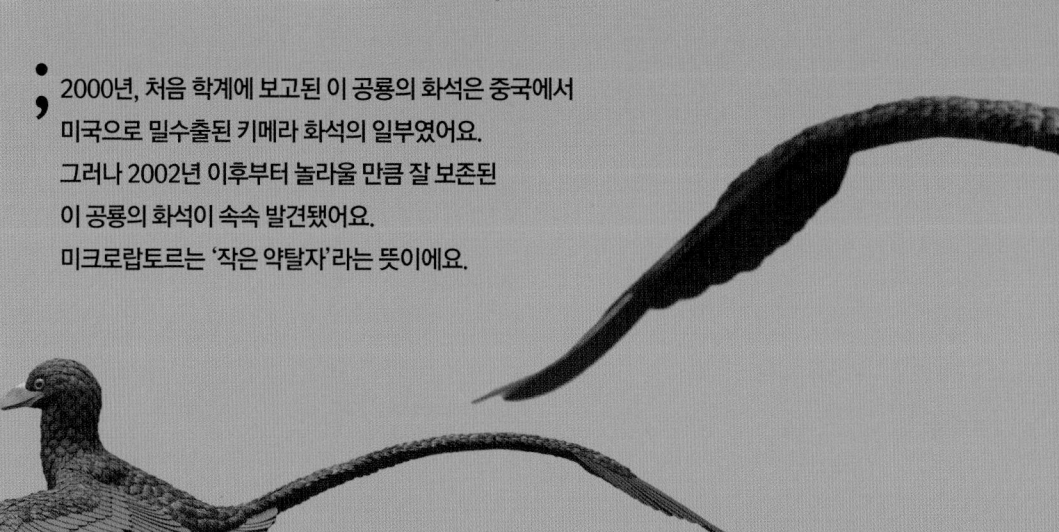

2000년, 처음 학계에 보고된 이 공룡의 화석은 중국에서 미국으로 밀수출된 키메라 화석의 일부였어요. 그러나 2002년 이후부터 놀라울 만큼 잘 보존된 이 공룡의 화석이 속속 발견됐어요. 미크로랍토르는 '작은 약탈자'라는 뜻이에요.

몸길이 77cm에서 최대 1.2m, 몸무게 약 1kg으로 추정하는 작은 육식 공룡이에요. 뒷발에 거대한 갈고리발톱이 있는 드로마이오사우루스과에 속해요. 매우 번성했으며 지금까지 발견된 화석이 300개가 넘어요.

처음으로 다리에 달린 비행 깃털이 확인된 공룡이에요. 다리 비행 깃털은 날개 깃털만큼 길고 튼튼했어요. 그래서 일부 고생물학자들은 미크로랍토르가 다리를 수평으로 벌려 비행했을 것이라 보기도 했지만 공룡은 다리를 수평으로 벌리는 데에 한계가 있었어요. 다리 비행 깃털은 비행 속도와 방향을 제어하는 데에 도움을 줬을 거예요. 어깨 위로 날갯짓할 수는 없었지만 미크로랍토르의 날개 깃털은 날기에 알맞은 비대칭형이었으며 20cm에 이를 만큼 길었어요. 거기에 흉골이 크고 하나로 합쳐져 있어 비행에 적합했을 것으로 보여요. 2016년 연구에 따르면 땅을 박차고 날아오를 수도 있었을 거고요. 날개와 다리를 적당히 벌려 나는 모습은 스타워즈의 X윙과 비슷했을 것 같아요. 꼬리 끝에 다이아몬드 모양 깃이 있어 더욱 안정적으로 날 수 있었을 거예요. 장식깃도 두 가닥 있었고요. 2012년, 화석에 남은 멜라노솜을 분석한 결과 미크로랍토르 깃털은 찌르레기처럼 무지개빛으로 반사되는 검은색이었어요.

미크로랍토르 화석에서 물고기, 도마뱀, 다른 초기 조류, 작은 포유류의 화석이 발견됐어요. 모두 미크로랍토르가 잡아먹은 것이었죠. 미크로랍토르는 먹이를 가리지 않는 사냥꾼이었지만 긴 날개 때문에 땅에서 움직이기는 쉽지 않았을 거예요.

1990년대, 중국의 가난한 지역 농부들은
화석이 큰돈이 된다는 사실을 알고는 화석 사냥에 몰두했어요.
이들은 미크로랍토르, 시노사우롭테릭스, 앙키오르니스의 화석을 발견하며
공룡 연구에 도움을 줬지만 그 과정에서 일부 화석을 불법으로 거래하거나
비싼 값을 받고자 조작하기도 했어요. 이런 일은 올바른 공룡 연구에 걸림돌이 됐죠.

미크로랍토르

백악기 초기 | 용반목 수각아목

우타랍토르 *Utahraptor*

첫 번째 화석은 1975년에 미국 유타주에서 발견됐지만 크게 주목받지는 못했어요.
1991년, 거대한 발톱이 유타주 그랜드 카운티에서 발견됐고 같은 해에 추가로 화석이 발견됐죠.
1993년에 '유타의 약탈자'라는 뜻인 우타랍토르라는 이름이 지어졌어요.
우리나라에서는 유타랍토르라고도 해요.

몸길이 약 5.5m, 몸무게 최대 500kg으로 추정해요. 뒷발에 거대한 갈고리발톱이 있는 드로마이오사우루스과 중에서 가장 거대한 종에 속해요. 우타랍토르의 갈고리발톱 화석은 24cm에 이르며 살아 있었을 때는 케라틴으로 덮여 있어 더 거대했을 거예요.

2001년, 어느 대학원생이 미국 유타주 동부에 있는 백악기 암석층에서 마치 사람 팔뼈처럼 보이는 우타랍토르 화석을 발견했어요. 이곳에는 성체와 새끼를 포함해서 최소 7마리로 추정되는 우타랍토르가 묻혀 있었어요. 이 발견은 우타랍토르 연구에 새로운 전환점이 됐죠. 불완전한 화석으로 복원된 우타랍토르는 다른 드로마이오사우루스과 공룡처럼 날렵하고 호리호리한 모습이었어요. 반면 새로 발견된 화석으로 복원된 우타랍토르는 머리가 커다랗고 다리가 다소 짧았죠. 다리뼈는 덩치가 비슷한 알로사우루스보다 50% 더 무거웠어요. 꼬리는 다른 드로마이오사우루스과 공룡과 달리 뻣뻣하지 않고 유연했어요. 대형 드로마이오사우루스과 공룡인 다코타랍토르의 팔뼈에서 깃털 부착점이 발견됐기에 우타랍토르 역시 깃털이 있었을 가능성이 커요. 우타랍토르는 뒷발의 갈고리발톱보다는 거대한 머리로 먹잇감을 제압했던 것으로 보여요. 7마리로 추정되는 우타랍토르 무리 화석은 이구아노돈류 화석과 함께 발견됐어요. 일부 고생물학자들은 이것을 우타랍토르가 속한 드로마이오사우루스과가 무리 사냥을 했다는 증거로 제안하기도 해요. 그러나 이들이 정말 무리를 이루어 사냥하다 함께 수렁에 빠진 것인지 아니면 수렁에 빠진 먹이를 먹으려다 한 마리씩 순차적으로 빠져 화석이 된 것인지는 추가로 연구해 봐야 해요(94쪽 참조). 2001년에 화석이 발견된 곳에서는 여전히 발굴 작업이 이어지고 있어요. 지금까지 발견된 개체의 2배 정도가 암석 속에 묻혀 있을 것으로 추정되거든요.

우타랍토르

정말 무리 지어 사냥했을까?

데이노니쿠스 여러 마리가 몸집이 훨씬 거대한 초식공룡 테논토사우루스와 함께 있는 화석이 발견되면서 드로마이오사우루스과는 무리 지어 사냥하는 공룡의 대명사가 됐죠. 우타랍토르 역시 연령대가 다양한 약 7마리의 화석이 한 장소에서 한꺼번에 발견됐어요. 2007년, 중국 산둥성에서는 드로마이오사우루스과 공룡 6마리가 함께 걸어간 발자국 화석이 발견됐고, 그 뒤로도 아프리카 등지에서 비슷한 발자국 화석이 나왔어요. 모두 드로마이오사우루스과가 무리 사냥을 했다는 강력한 증거로 볼 수 있죠.

반론도 있어요. 2020년에 데이노니쿠스 이빨 화석을 연구한 결과, 어린 개체와 다 자란 개체에 남은 탄소와 산소의 안정 동위원소가 달랐어요. 이것은 서로 다른 먹이를 먹었다는 것을 뜻해요. 무리 사냥을 하는 동물은 다 자란 개체가 먹이를 잡은 뒤 어린 개체에게 나눠 주기 때문에 같은 먹이를 먹죠. 그러므로 저마다 다른 먹이를 먹은 데이노니쿠스는 무리 사냥을 하지 않았을 수도 있어요. 또한 지금까지 벨로키랍토르는 모두 단독 화석만 발견됐어요. 벨로키랍토르가 살았던 백악기 고비사막은 지금과 비슷한 모래 언덕과 건조한 협곡으로 이루어져 있었어요. 프로토케라톱스와 벨로키랍토르가 사투를 벌이던 모습이 그대로 남을 만큼 화석이 보존되기 좋은 환경이었는데도 벨로키랍토르의 무리 화석이 발견되지 않았다는 것은 곧 이들이 홀로 생활했을 가능성이 더 크다는 것을 뜻해요.

드로마이오사우루스과가 무리 사냥을 하지 않았을 것으로 보는 고생물학자들에 따르면 한 장소에서 여러 마리의 화석이 발견된 것은 단순히 그 장소에 있던 먹잇감을 노리고 온 각 개체가 늪 같은 환경 요인으로 그 자리에서 각각 화석이 된 것에 불과할 수 있어요. 그러니까 드로마이오사우루스과는 코모도왕도마뱀처럼 한 먹잇감을 두고 동시에 달려들어 서로 경쟁했다고 여기는 거죠.

생물학적으로 공룡과 가까운 악어와 해리스매를 비롯한 소수 맹금류는 무리 지어 사냥하기도 해요. 특히 악어는 오랫동안 무리 사냥을 하지 않는 동물로 여겨졌고 새끼와 어미의 먹이도 달라요. 사자와 호랑이는 같은 속에 속하지만 서로 살아가는 방식이 다르죠. 마찬가지로 같은 드로마이오사우루스과에 속한다 해도 모두 똑같은 방식으로 살지 않았을 수 있어요. 어쩌면 우리는 공룡이 살던 방식을 너무 현재 관점에서 단순하게 이분법으로 나눠 보고 있는지도 몰라요.

*드로마이오사우루스과는 드로마에오사우루스과라고 하기도 해요.

'무서운 도마뱀'이라는 이름에서 알 수 있듯 공룡은 파충류의 일종이에요. 그래서 공룡은 오랫동안 현생 파충류처럼 체온을 높이고자 햇빛 같은 외부 환경에서 열을 얻어야 하는 외온 동물(냉혈 동물)로 여겨졌어요. 오랫동안 땅을 느릿느릿 기어 다니는 굼뜬 모습으로 묘사된 것도 그 때문이죠. 그러나 1960년대 공룡 르네상스(공룡에 대한 연구 및 대중의 관심이 높아진 시기)부터 화석 증거를 근거로 공룡이 매우 활발한 동물이었다는 사실이 밝혀지고 현생 조류와 공룡의 관계가 재정립되면서 공룡은 스스로 열을 내는 내온 동물(온혈 동물)이라는 가설이 제기됐어요.

2011년, 용각류 이빨 11개의 동위원소 비율을 분석한 결과 용각류의 체온은 인간과 비슷한 36~38도였어요. 그렇다면 거대한 용각류는 부피 대비 표면적이 좁아 열을 방출하는 데에 어려움을 겪었을 거예요. 현대의 대형 동물도 체온이 너무 올라가지 않도록 다양한 방법으로 체온을 조절해요. 체온을 유지하려면 생각보다 더 많은 에너지가 필요해요. 파충류가 비슷한 크기 포유류보다 훨씬 적게 먹고도 생존할 수 있는 이유죠. 수십 톤에 이르는 용각류가 체온을 유지하려면 매일매일 어마어마하게 먹이를 먹어야 했겠죠. 한편 어떤 고생물학자들은 공룡이 거대한 몸집 덕분에 체온을 유지할 수 있는 거대 항온 동물이었다는 가설도 제시했어요. 그러던 중 골디락스 가설이 나왔죠.

골디락스(goldilocks)는 뜨겁지도 차갑지도 않은, 딱 적당한 상태를 가리키는 용어로 주로 경제학에서 쓰여요. 캐나다 고생물학자 스콧 샘슨은 이 용어를 가져와 공룡은 체온이 높지도 낮지도 않은 중간, 즉 중온 동물

뜨겁든 차갑든 활발한 동물

이었다고 주장했어요. 중온 동물이었기에 체온을 유지하는 데에 에너지를 덜 소비했고 남는 에너지를 성장에 투자해 거대해질 수 있었다는 거죠. 프릴(126쪽 참조)과 골판 같은 사치스러운 장식도 에너지가 남았기에 만들어 낼 수 있었다고 봤죠. 게다가 골디락스 가설로는 공룡이 바다로 진출하지 못한 이유까지 설명할 수 있었어요. 중온성이면 차가운 바닷속에서 체온을 유지할 수 없으니까요. 정리하자면 공룡은 초기 외온 동물에서 중온 동물로 진화했고 일부 마니랍토라 같은 소형 공룡이 내온성으로 변하며 현생 조류로 이어졌으리라는 거죠. 그러다 2022년, 새로운 연구 결과가 나왔어요.

캘리포니아 공과대학의 박사후 연구원인 자스미나 위만과 동료들은 동물의 대사 과정에서 생기는 최종 지질화 산물(ALE, Advanced Lipoxidation End-products)을 이용해 공룡의 체온 유지 방식을 추측하는 새로운 방법을 개발했어요. ALE는 물에 녹지 않으며 매우 안정적인 분자로 화석에도 남아 있었거든요. ALE의 양이 많을수록 대사율이 높은 동물, 즉 내온 동물이 되죠. 현생 동물과 공룡 화석에 축적된 ALE 양을 비교해 본 결과 트라이아스기 초기 공룡은 물론 용반류도 모두 내온 동물이었어요. 공룡과 가까운 사이인 익룡과 수장룡도 내온 동물인 것으로 나타났죠. 그러나 조반류는 외온 동물로 분석됐어요. 어째서 조반류만 내온성에서 외온성으로 바뀐 것인지는 아직 밝혀지지 않았어요.

백악기 초기 | 용반목 수각아목

시노사우롭테릭스 *Sinosauropteryx*

1996년 8월, 중국 랴오닝성에서 화석 사냥꾼이기도 했던 어느 농부가 화석을 발견했어요. 1996년에 '중국의 도마뱀 날개'라는 뜻인 시노사우롭테릭스라고 이름이 지어졌어요.

몸길이 약 1m, 몸무게 약 0.55kg으로 추정해요. 처음 시노사우롭테릭스 화석을 본 고생물학자들은 크게 놀랐어요. 비조류 공룡에서 깃털이 발견된 것은 처음이었거든요. 이로써 새가 공룡에서 진화했다는 가설이 힘을 얻게 됐죠. 시노사우롭테릭스의 온몸을 뒤덮은 깃털은 솜털과 비슷한 초기 형태로 비행에 적합한 칼깃은 없었어요. 시노사우롭테릭스가 살던 백악기 초기 중국 랴오닝성은 연평균 기온이 10도 정도로 쌀쌀한 편이었으니 깃털은 몸을 따뜻하게 하는 데에 필요했을 거예요. 초기 깃털은 비행 때문에 생겨나지 않았다는 것을 알 수 있죠.

시노사우롭테릭스는 엄지발톱이 아주 크며 몸길이 대비 꼬리가 가장 긴 수각류로, 꼬리는 꼬리뼈 64개로 이루어졌어요. 일부 화석에서는 꼬리를 따라 어두운 띠와 밝은 띠가 번갈아 가며 나타났어요. 바로 깃털 색깔이었죠. 시노사우롭테릭스는 화석 증거로 살아 있었을 때의 색깔을 유추해 낸 최초의 공룡이에요. 2010년쯤부터 깃털 공룡의 화석에 남은 멜라노솜 연구가 활발해졌고 덕분에 우리는 시노사우롭테릭스의 깃털 색깔을 더욱 정확히 알 수 있어요. 레서판다와 비슷한 색깔에 보호색인 카운터쉐이딩도 나타났어요. 긴 꼬리에 있는 흰 줄무늬는 고리 모양을 이뤘고요.

시노사우롭테릭스 화석의 배 속에는 도마뱀 뼈가 들어 있었어요. 날쌘 도마뱀을 잡아먹을 정도로 날렵한 사냥꾼이었다는 것을 알 수 있죠.

시노사우롭테릭스의 화석이 발견되자

중국 당국은 표본 사진 공개를 금지했어요. 이유는 밝히지 않았죠.

그러나 고생물학자 필 커리는 1996년에 미국 자연사박물관에서 열린

척추동물 고생물학회의에서 사진을 공개했어요. 사진을 본 고생물학자 중 존 오스트롬은

특히나 큰 충격을 받았어요. 새가 공룡에서 진화했다는 이론을 토머스 헉슬리 이후

다시 한 번 되살린 사람이 그였거든요. 오스트롬은 이후에 시노사우롭테릭스 화석 국제 연구팀에 합류했어요.

시노사우롭테릭스

백악기 초기 | 용반목 수각아목
카우딥테릭스 *Caudipteryx*

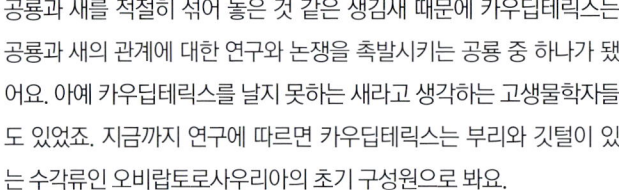

몸길이 약 80cm, 몸무게 약 5kg으로 칠면조보다 작았을 거예요. 처음에 화석을 본 고생물학자들은 카우딥테릭스가 공룡이 아니라 새의 일종일 것이라 여겼어요. 온몸이 온전하게 보존된 화석에 깃털 흔적이 명확했거든요. 몸은 솜털 같은 깃털로 덮여 있었고 작은 날개와 짧은 꼬리 끝에도 기다란 깃털이 있었어요. 그러나 날개가 너무 작아 날지는 못했죠. 꼬리의 부채 모양 깃털은 같은 종끼리 서로를 인식하거나 짝을 찾는 데에 썼으리라 추측해요. 머리는 작고 이빨이 거의 없는 주둥이는 뭉툭했어요. 위장 부위에서는 거친 식물을 소화할 때 도움이 되는 작은 위석들이 발견됐어요. 이런 특징으로 미루어 보아 카우딥테릭스는 잡식성이었을 거예요. 뒷다리가 매우 길었어요. 전체적으로 현대의 날지 못하고 잘 달리는 새와 생김새가 비슷했죠.

공룡과 새를 적절히 섞어 놓은 것 같은 생김새 때문에 카우딥테릭스는 공룡과 새의 관계에 대한 연구와 논쟁을 촉발시키는 공룡 중 하나가 됐어요. 아예 카우딥테릭스를 날지 못하는 새라고 생각하는 고생물학자들도 있었죠. 지금까지 연구에 따르면 카우딥테릭스는 부리와 깃털이 있는 수각류인 오비랍토로사우리아의 초기 구성원으로 봐요.

1997년, 중국 랴오닝성의 시헤툰에서 처음 화석이 발견됐어요. 1998년에 부채 모양 꼬리 깃털을 특징으로 삼아 '꼬리 깃털'이라는 뜻인 카우딥테릭스라고 이름이 지어졌어요.

카우딥테릭스

백악기 초기 | 용반목 수각아목

바리오닉스 *Baryonyx*

몸길이 7.5m에서 최대 10m, 몸무게 1.2~2t으로 추정해요. 바리오닉스 화석의 위 부위에 소화된 물고기 비늘이 있었어요. 물고기를 잡아먹은 직접 증거가 나온 수각류는 바리오닉스가 처음이에요. 바리오닉스는 주둥이 모양이 악어처럼 길고 좁으며 낮았어요. 이빨 역시 악어와 비슷한 원뿔 모양이었고요. 이름에서 알 수 있듯 거대한 앞발톱은 길이가 31cm에 이르며, 살아 있었을 때는 케라틴으로 덮여 있어 더 크고 날카로웠을 거예요. 이런 특징은 미끈거리는 물고기를 제압하는 데에 안성맞춤이죠. 바리오닉스 화석의 배에서는 어린 이구아노돈류의 뼈도 발견됐어요. 바리오닉스는 물고기를 주로 먹었지만 다른 먹이도 마다하지는 않았던 거죠.

2022년 연구에서 바리오닉스는 가까운 친척인 스피노사우루스와 더불어 골밀도가 높은 것으로 밝혀졌어요. 대개 고래나 펭귄처럼 물속에서 생활하는 동물이 골밀도가 높기 때문에 바리오닉스도 먹잇감을 쫓아 잠수할 수 있었으며 물속에서 시간을 많이 보냈을지도 몰라요. 2023년, 바리오닉스아과의 뇌 구조를 연구해 보니 다른 수각류와는 큰 차이가 나지 않았어요. 반면 바리오닉스아과와 동일하게 스피노사우루스과에 속하는 스피노사우루스아과는 뇌의 후구(후각 신호를 처리하는 곳)가 비교적 작았어요. 이 결과는 같은 과더라도 종마다 살아가는 방식이 달랐을 수 있다는 근거로 볼 수도 있어요.

1983년, 영국 서리주 스모크잭 점토 구덩이에서 아마추어 화석 수집가 윌리엄 J. 워커가 커다란 발톱 화석을 발견했어요. 발톱 화석을 전해 받은 고생물학자 앨런 J. 채릭과 안젤라 밀너의 발굴 팀은 이곳에서 커다란 수각류 화석을 찾아냈죠.
1986년에 두 고생물학자가 '무거운 발톱'이라는 뜻인 바리오닉스라고 이름을 지었어요.

바리오닉스

백악기 중기 | 용반목 용각아목
니게르사우루스 *Nigersaurus*

몸길이 약 9m, 몸무게 1.9~4t으로 추정해요. 덩치가 크고 목이 긴 용각류 중에서는 크기가 작고 목도 눈에 띄게 짧은 편이에요. 그에 반해 꼬리는 매우 길고 디플로도쿠스처럼 뒤로 갈수록 가늘어졌어요. 이런 모습은 레바키사우루스과 공룡의 전형이에요. 척추뼈는 섬세하고 유난히 공기주머니(기낭)가 많아 두께가 고작 몇 밀리미터에 불과한 뼈도 있었어요. 반면 다리뼈는 매우 튼튼했죠. 네모난 머리뼈는 척추뼈만큼이나 섬세하고 얇아 빛이 비칠 정도였죠. 머리뼈 구멍(측두창)이 4개나 있었으며 다른 용각류보다 컸어요. 머리뼈는 앞으로 갈수록 폭이 넓어져 전체로 보면 빨래집게 같은 모양이죠.

가장 독특한 특징은 이빨이에요. 모든 이빨이 주둥이 앞쪽에 1줄로 나 있었거든요. 턱뼈 안에는 언제든 빠진 이빨을 대체할 수 있도록 예비 이빨이 각각 최대 9줄씩 있었어요. 예비 이빨까지 합하면 이빨은 늘 500개 이상이었어요. 이빨이 많은 공룡으로는 단연 니게르사우루스가 으뜸이에요. 이빨은 14일마다 교체돼서 초식 공룡치고도 교체 주기가 매우 짧았어요.

지면과 수평을 이루는 이빨과 이빨의 마모 흔적, 힘이 약했을 턱과 짧은 목 등 신체 구조로 미루어 보면 주로 머리를 아래로 숙여 낮게 자라는 부드러운 식물을 먹었을 거예요. 다른 용각류가 중생대의 기린이라면 니게르사우루스는 중생대의 소라고 할 수 있어요.

, 1976년에 프랑스 고생물학자 필립 타케가 처음 화석을 발표했지만 골격이 섬세하고 약한 탓에 보존 상태가 좋지 않아 당시에는 어떤 공룡인지 알 수 없었어요. 이후 1997년과 2000년에 미국 고생물학자 폴 세레노가 이끄는 발굴 팀이 거의 온전한 화석을 발견했어요. 1999년에 세레노가 '니제르의 도마뱀'이라는 뜻인 니게르사우루스라고 이름을 지었어요. 우리나라에서는 니제르사우루스라고도 해요.

니게르사우루스

백악기 후기 | 조반목 조각하목

파라사우롤로푸스 *Parasaurolophus*

몸길이 9~11m, 몸무게 2.47~5t으로 추정해요. 기다란 비강(콧속)과 이어진 속이 빈 볏이 특징인 람베오사우루스아과에 속한 공룡이에요(110쪽 참조). 생김새가 독특한 볏 때문에 영화 〈쥬라기 공원〉을 비롯해 대중매체에 자주 등장해 사람들에게 특히 익숙한 공룡이기도 하죠.

하드로사우루스과치고도 특히 볏이 길어서 볏을 포함해 머리뼈 길이가 2m에 이르러요. 볏은 어릴 때는 짧고 자라면서 점점 길어졌죠. 볏과 목 사이에 피부막이 있었을 것이라는 주장도 있지만 뒷받침할 화석 증거가 부족해요. 지금까지 알려진 파라사우롤로푸스 3종은 각각 볏 모양이 달랐어요. 우리가 흔히 떠올리는 파라사우롤로푸스의 볏은 모식종(무리를 대표하는 종)인 월케리의 볏이며, 투비센의 볏은 가장 길고 두꺼우며, 키르토크리스타투스의 볏은 가장 짧고 구부러져 있었어요.

같은 종끼리 서로를 인식하거나 짝을 찾을 때 볏으로 의사소통했을 거예요.

평소에는 네 발로 걸어 다녔지만 필요하면 두 발로 뛰거나 일어설 수도 있었을 거예요. 부리는 케라틴으로 이루어졌고 이빨은 평생 교체됐어요. 식물을 먹고 살았고요.

완모식표본(해당 종의 기준이 되는 표본)의 척추를 살펴보면 신경배돌기(척추 가시)가 V자 모양으로 벌어진 곳이 있어요. 과거에는 이 지점을 볏을 지탱하는 인대의 부착점으로 여겼어요. 그래서 과거 복원도를 보면 이 부분이 오목하죠. 그러나 최근에는 쓰러진 나무에 부딪혀 생긴 완모식표본 개체의 상처로 보는 편이에요. 뼈에 재생 흔적이 있어 이 상처가 사망 원인은 아니었을 거고요.

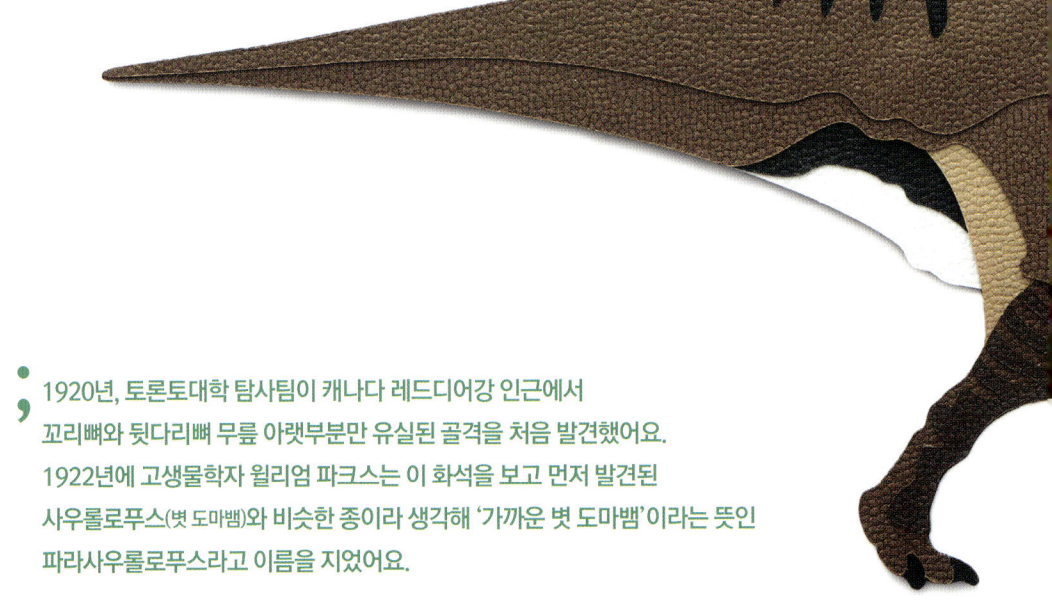

> 1920년, 토론토대학 탐사팀이 캐나다 레드디어강 인근에서 꼬리뼈와 뒷다리뼈 무릎 아랫부분만 유실된 골격을 처음 발견했어요. 1922년에 고생물학자 윌리엄 파크스는 이 화석을 보고 먼저 발견된 사우롤로푸스(볏 도마뱀)와 비슷한 종이라 생각해 '가까운 볏 도마뱀'이라는 뜻인 파라사우롤로푸스라고 이름을 지었어요.

파라사우롤로푸스 월케리

백악기 후기 | 조반목 조각하목
람베오사우루스 *Lambeosaurus*

람베오사우루스 람베이

몸길이 약 7m, 몸무게 2.5~3.3t으로 추정해요. 주둥이가 납작한 하드로사우루스과 중에서도 기다란 비강(콧속)과 이어진 속이 빈 볏이 특징인 람베오사우루스아과를 대표하는 공룡이지만 (110쪽 참조) 볏을 제외하면 큰 특징이 없다 보니 고생물학자들은 람베오사우루스를 분류하는 데에 애를 먹었죠. 그런 탓에 1902년, 람베오사우루스의 화석을 처음 발견한 로렌스 램은 다리뼈와 머리뼈 일부를 트라코돈 2종으로 발표하기도 했어요.

람베오사우루스의 볏은 자라면서 모양이 달라졌어요. 프로케네오사우루스, 테트라고노사우루스 모두 어린 람베오사우루스 화석을 잘못 동정해 다른 속으로 분류한 사례였죠. 람베오사우루스는 도끼 모양 볏을 제외하면 친척인 코리토사우루스와 아주 비슷하게 생겨서

1923년, 캐나다 고생물학자 윌리엄 파크스는 1914년에 캐나다 고생물학자 로렌스 램이 트라코돈 2종 중에서 마르기나투스종을 스테파노사우루스라는 독립된 속으로 분류할 때 모식표본(신종 증거로 삼는 표본)으로 삼은 다리뼈와 2개의 머리뼈가 서로 같은 종의 것이라는 증거가 부족하다는 사실을 발견했어요. 파크스는 램을 기리고자 머리뼈의 주인공 이름을 '램의 도마뱀'이라는 뜻인 람베오사우루스라고 지었어요.

프로케네오사우루스, 테트라고노사우루스가 람베오사우루스로 다시 분류되자 한 가지 문제가 생겼어요. 프로케네오사우루스는 1920년에 윌리엄 D. 매튜가 지은 이름이고, 테트라고노사우루스는 윌리엄 파크스가 프로케네오사우루스의 속명이 유효하지 않다고 판단해 새로 제시한 이름이에요. 국제동물명명규약에 따르면 먼저 지어진 학명을 우선으로 해야 하기 때문에 람베오사우루스는 유효하지 않은 학명이 될 수도 있었죠. 정확한 이유는 알 수 없으나 그런 일은 벌어지지 않았고 람베오사우루스는 이름을 지킬 수 있었어요.

어린 람베오사우루스의 화석이 코리토사우루스의 일종으로 분류되기도 했어요. 람베오사우루스 무리 안에서도 종에 따라 볏 모양이 달랐어요. 모식종(무리를 대표하는 종)인 람베이의 볏은 도끼 모양이었지만 마그니크리스타투스의 볏은 더 크고 둥글며 손잡이처럼 길게 튀어나온 부분이 없었죠. 볏 모양은 성별에 따라서도 달랐을지 몰라요. 람베오사우루스 역시 다른 하드로사우루스과처럼 볏으로 서로를 인식하거나 짝을 찾고 의사소통을 했을 거예요.

람베오사우루스는 다른 하드로사우루스과 공룡보다 주둥이가 좁아 특정 식물만을 골라 먹었을 것으로 보여요. 포유류와 비슷하게 식물을 씹을 수 있었을 거고요. 수백 개 이빨은 평생 교체됐어요.

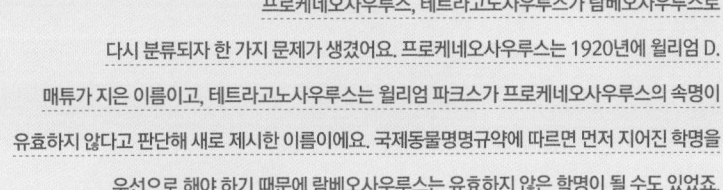

백악기 후기 | 조반목 조각하목

마이아사우라 *Maiasaura*

1977년, 미국 몬태나주 바이넘에서 보석 가게를 운영하던 메리언 브랜드볼드는 몬태나주 초토에서 아기 공룡 화석을 발견했어요. 1978년, 미국 고생물학자 존 호너에게 화석이 전달됐죠. 1979년에는 브랜드볼드의 며느리 로리 트렉슬러가 같은 장소에서 같은 공룡의 머리뼈 화석을 발견했어요. 호너는 동료 고생물학자 로버트 마켈라와 함께 이 화석을 연구해 발표했어요. 이름은 그리스 여신 마이아에서 따와 '좋은 어머니 도마뱀'이라는 뜻인 마이아사우라라고 지었어요.

1985년, 나사는 우주비행사 로렌 액턴의 우주 왕복선 비행에 어린 마이아사우라의 뼈와 알 조각을 함께 실어 보냈어요. 1998년 1월, 엔데버호가 코일로피시스의 머리뼈 화석을 싣고 미르 우주 정거장을 다녀오기 전까지 마이아사우라는 유일하게 우주 비행을 한 공룡이었어요.

몸길이 약 9m, 몸무게 약 4t으로 추정해요. 마이아사우라는 두꺼운 코와 이마에 뿔처럼 솟은 작은 볏 이외에는 특별한 점이 없어 보이는 전형적인 하드로사우루스과 공룡이에요(110쪽 참조). 그러나 공룡 연구에서는 매우 특별해요. 새끼를 길렀다는 증거가 명확하게 발견된 최초의 공룡이거든요.
아기 공룡 화석이 발견된 뒤 미국 몬태나주 초토의 투메디슨 지층에서는 마이아사우라의 둥지와 알도 대량으로 발견됐어요. 알산(egg mountain)이라는 별명이 붙은 집단 화석 매장지를 보면 마이아사우라는 거대한 무리를 지어 새끼를 길렀다는 것을 알 수 있어요. 흙으로 지은 둥지는 약 7m 간격을 두고 각각 늘어서 있고 타조알 정도 크기의 알이 30~40개씩 원형 혹은 나선형으로 놓여 있었죠. 고생물학자들은 마이아사우라가 직접 알을 품기보다는 악어나 무덤새처럼 나뭇잎이나 줄기를 둥지 위에 잔뜩 쌓아 두고 식물이 부패하며 발생하는 열로 알을 부화시켰을 것으로 추정해요.

알산에서는 다양한 연령대의 마이아사우라 화석 수백 개도 함께 발견됐어요. 40cm 남짓한 새끼의 다리뼈 상태를 보면 새끼는 걷는 데에는 서툴렀을 것 같아요. 또한 닳은 이빨, 잘게 부서진 알껍데기 등을 보면 새끼는 태어나서 한동안은 둥지에 머물며 부모의 보살핌을 받았을 거예요. 그러나 태어난 첫해에만 몸길이가 4배 가까이 늘어날 만큼 빠르게 성장해 1년이 지나면 둥지를 떠날 수 있었겠죠. 4살 전까지는 주로 이족 보행을 했고, 어른이 되기까지 8년이면 충분했을 거예요. 이렇게 빠른 성장은 주로 항온 동물에서 나타나기에 공룡의 체온이 높았다는 증거가 돼요.

2015년 연구에 따르면 마이아사우라는 태어난 첫해 사망률이 약 89.9%로 추정돼요. 사망률은 이후 쭉 떨어지다 노년기에 접어드는 8년차에 다시 약 44.4%로 높아졌어요. 오늘날의 거대 동물과 비슷한 패턴이죠.

백악기의 관악기

하드로사우루스과는 백악기 후기에 다양한 모습으로 분화하며 여러 대륙에서 발견되는 매우 번성한 공룡 무리예요. 몸 구조만 보면 각 종을 구별하기 어려울 정도로 무리 전체가 비슷하게 생겼어요. 그중 람베오사우루스아과는 비강이 머리뼈의 위턱 부분과 함께 거대하게 변하면서 생긴 볏 모양이 제각기 달랐어요. 파라사우롤로푸스처럼 기다란 모양도 있었고 히파크로사우루스와 코리토사우루스처럼 헬멧 같은 모양도 있었으며 람베오사우루스나 올로로티탄 같은 도끼 모양도 있었죠.

볏 내부는 비강과 이어진 빈 통로가 볏 끝에서 아래로 방향을 바꾸어 돌아오다 머리뼈에서 막히는 구조예요. 이렇게 길고 복잡하게 이루어진 볏의 용도는 무엇이었을까요? 여러 가지 가설이 있어요. 성적 이형(같은 종이지만 암수 생김새가 다른 것)의 증거일 수도 있고요, 체온을 조절하는 데에 썼을 수도 있어요. 볏 안에는 염분샘이 있어 삼투압을 조절하는 용도였다거나 매우 발달한 후각을 뒷받침하는 기관이었다는 가설도 있어요. 오늘날의 화식조처럼 수풀을 헤칠 때 썼을 수도 있고요.

조금 황당한 가설도 있었어요. 파라사우롤로푸스를 예로 들면, 얕은 물속에서 생활했고 기다란 볏은 물속에서 숨을 쉴 수 있도록 하는 일종의 스노클이었다는 가설이에요. 그러나 파라사우롤로푸스에게는 다른 수중생물처럼 콧구멍을 막는 근육의 흔적이 없었으며, 볏 제일 끝부분에 구멍이 없었기에 이 가설은 성립되지 않죠. 또한 하드로사우루스과의 화석은 대부분 내륙에서 발견되기도 하고요.

1931년, 고생물학자 칼 와이먼은 파라사우롤로푸스의 볏이 저주파 공명음을 내는 기관이라고 주장했어요. 그러나 이 가설은 1981년에 고생물학자 데이비드 웨이솀펠의 추가 연구가 나올 때까지 빛을 보지 못했죠. 웨이솀펠은 파라사우롤로푸스가 볏 내부의 빈 공간으로 소리를 증폭시켰을 것이라 생각했어요. 마치 고니가 복장뼈의 빈 공간으로 소리를 증폭시키듯 말이죠. 또한 볏의 길이에 따라 다른 음역대 주파수를 썼으리라 여겼어요. 가령 월케리는 48~240Hz, 키르토크리스타투스는 75~375Hz로 추정했죠. 1996년에 고생물학자 톰 윌리엄슨은 컴퓨터 모델링 전문가들과 함께 파라사우롤로푸스의 볏 구조를 본뜬 시뮬레이션 모델을 만들어 소리를 연구해 봤어요. 그러자 마치 관악기에서 나는 것과 비슷한 소리가 났죠. 파라사우롤로푸스뿐만 아니라 다른 하드로사우루스과 공룡들도 이와 비슷하게 소리를 냈을 거예요. 그러나 종마다 볏 모양이 달랐으니 공명음도 서로 달랐겠죠. 청력이 좋았을 테니 같은 종과 다른 종의 소리를 제대로 구별했을 거예요.

또한 커다란 볏은 시각적으로도 중요한 표지판이었어요. 그래서 색과 무늬가 화려했을 것으로 추정해요. 하드로사우루스과는 시력도 매우 좋았고 주로 낮에 활동했으니 저마다 다르게 생긴 볏을 보고서도 서로를 인식할 수 있었을 거예요.

알을 깨고 세상으로

새는 모두 알에서 태어나요. 일부 난태생(어미 뱃속에서 부화해 나오는 것)이 있기는 하지만 파충류도 시작은 모두 알이죠. 공룡 역시 알에서 태어났어요. 비둘기만 한 아르카이옵테릭스는 물론 버스만 한 티라노사우루스, 몸무게가 수십 톤에 이르던 아르겐티노사우루스도요.

공룡 알은 평범하게 새알처럼 생긴 것, 타원형, 완벽한 원형 등 모양이 다양했어요. 공룡은 대개 오늘날의 새나 악어처럼 탄산 칼슘이 함유된 단단한 알을 낳지만 일부는 현재의 뱀과 도마뱀처럼 말랑거리는 가죽질 알을 낳기도 했어요. 공룡은 몸집이 크니 알도 거대할 것 같지만 실제로는 우리가 상상하는 것만큼 커다랗지는 않았어요. 용각류의 축구공보다 작고 동그란 알은 무게가 최대 2kg 남짓, 티라노사우루스의 타원형 알은 최대 길이가 43cm 정도로 추정돼요. 오비랍토르과 공룡의 타원형 알은 최대 길이가 50cm를 넘는 정도였고요. 몸무게가 100kg 정도인 타조의 알이 1.5kg인 것에 비하면 꽤 작죠. 알이 크면 그만큼 부화 기간도 길어지고 포식자에게 노출되는 기간도 길어지니 알을 품는 어미 공룡의 부담도 커지고요. 또한 알이 크면 그만큼 껍데기가 두꺼워져 기체 교환을 하기도 어려워요.

공룡도 현대의 새나 악어처럼 둥지를 틀었어요. 대개 동그랗고 얕게 구덩이를 팠고, 키티파티처럼 작은 공룡은 새처럼 직접 알을 품었어요. 암수가 교대로 알을 품었는지까지는 아직 알 수 없지만요. 거대한 공룡은 직접 알을 품을 수 없었기에 얕은 구덩이 모양 둥지에 식물을 넣어 두고 식물이 썩는 동안 발생하는 열로 알을 부화시켰어요. 일부 공룡은 심지어 온천과 화산의 지열을 이용해 알을 부화시켰어요. 하드로사우루스과와 티타노사우루스과는 수백 마리가 모여 거대한 집단 산란지를 이뤘어요. 이런 대규모 산란지는 아메리카 대륙을 비롯해 세계 곳곳에서 발견할 수 있어요. 우리나라의 경기도 화성시와 전라북도 부안군 위도에도 남아 있어요.

작은 알에서 태어난 아기 공룡은 매우 작아서 한동안 둥지에서 부모의 보살핌을 받으며 지냈을 거예요. 몸무게가 최대 8.8t에 이르는 티라노사우루스도 갓 태어났을 때는 채 1m가 되지 않았어요. 대부분 공룡은 성장 속도가 매우 빨라서 1년 정도면 둥지를 떠날 만큼 자라고 수십 톤에 이르는 용각류도 10년 정도면 어른이 됐어요. 물론 모든 공룡이 이렇지는 않았어요. 아벨리사우루스과와 카르카로돈토사우루스과는 평생에 걸쳐 무척 느리게 자랐어요.

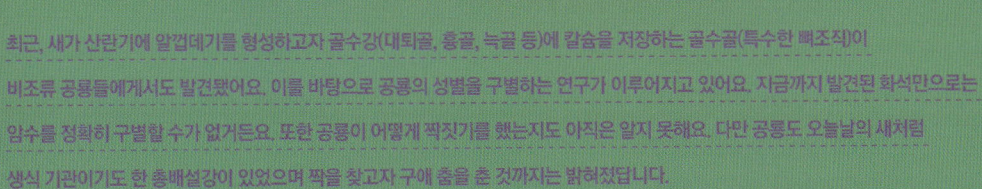

최근, 새가 산란기에 알껍데기를 형성하고자 골수강(대퇴골, 흉골, 늑골 등)에 칼슘을 저장하는 골수골(특수한 뼈조직)이 비조류 공룡들에게서도 발견됐어요. 이를 바탕으로 공룡의 성별을 구별하는 연구가 이루어지고 있어요. 지금까지 발견된 화석만으로는 암수를 정확히 구별할 수가 없거든요. 또한 공룡이 어떻게 짝짓기를 했는지도 아직은 알지 못해요. 다만 공룡도 오늘날의 새처럼 생식 기관이기도 한 총배설강이 있었으며 짝을 찾고자 구애 춤을 춘 것까지는 밝혀졌답니다.

백악기 후기 | 조반목 후두하목
스테고케라스 *Stegoceras*

; 1898년과 1901년, 캐나다 고생물학자
로렌스 램은 두꺼운 머리뼈 조각을 3개 발견했어요.
뼛조각들은 돔 모양 지붕과 닮아 있었죠.
램은 이 뼛조각을 트리케라톱스 같은
각룡류의 코 뿔 뿌리 부분이라 생각했고,
1902년에 '지붕 뿔'이라는 뜻인
스테고케라스라고 이름을 지었어요.

몸길이 2~2.5m, 몸무게 10~40kg으로 추정하는 작은 초식 공룡이에요. 뒷다리가 길고 머리뼈가 두꺼운 후두류에 속해요. 대개 후두류의 화석 상태는 매우 좋지 않지만 스테고케라스 화석은 보존 상태가 좋은 편이에요. 특히 1924년에 후두류 최초로 온전한 머리뼈가 발견되기도 했죠.

가장 큰 특징인 머리 돔은 어릴 때는 납작하다가 성장하면서 넓어지고 두꺼워졌어요. 1955년에 미국 고생물학자 에드윈 콜버트는 후두류가 산양처럼 박치기를 하며 경쟁자를 물리쳤을 것이라고 주장했어요. 1997년에 미국 고생물학자 케네스 카펜터는 후두류의 목뼈가 U자로 휘어 목뼈와 척추뼈가 일직선으로 놓일 수 없고 충격을 흡수할 수 없는 구조이기에 나란히 선 상태에서 서로 옆구리를 가격했을 것이라는 의견을 냈죠. 그러다 2011년에 스테고케라스 머리뼈가 큰뿔산양처럼 서로 머리를 부딪치며 경쟁하는 동물과 비슷하며 돔을 덮은 케라틴이 충격을 흡수했다는 사실이 밝혀지며 박치기설이 다시 부각됐어요. 2013년에 후두류 머리뼈 100개 이상을 연구한 결과, 약 22%에서 골수염을 비롯한 외상 흔적이 있었어요. 상처는 서로 직접 부딪치지 않으면 생기지 않을 돔 위쪽에 집중돼 있었고요. 상처 치료에 큰 역할을 하는 섬유아세포도 발견됐죠. 그리고 이런 상처는 암컷이나 어린 개체로 추정되는 납작한 머리뼈에서는 보이지 않았어요. 즉 다 자란 수컷 스테고케라스는 머리 돔을 상대와 부딪치며 자기 힘을 과시했던 것으로 보여요.

한편 일부 고생물학자들은 머리 돔의 혈관 구조가 체온을 식히기에 알맞다고 주장하기도 했지만 성장하면서 혈관이 줄어들었기에 이 가설은 성립되지 않았어요 머리 돔 표면은 화려한 색깔이었을 것으로 추정해요. 그래서 싸울 때는 물론이고 이성을 유혹하거나 같은 종끼리 서로를 인식하는 데에도 머리 돔을 썼을 거예요.

가장 온전한 스테고케라스 화석을 보고한 고생물학자 찰스 W. 길모어는 꼬리뼈의 힘줄을 배를 감싸는 뼈(복늑골)로 착각하고 말았어요. 그러면서 스테고케라스를 수각류인 트로오돈으로 잘못 분류했죠. 둘의 이빨 생김새가 비슷했거든요. 1945년에 고생물학자이자 화석 수집가였던 찰스 모트람 스턴버그가 둘의 이빨이 서로 다르다는 사실을 밝혀낸 후에야 스테고케라스는 후두류 자리로 돌아올 수 있었어요.

백악기 후기 | 조반목 후두하목
파키케팔로사우루스 *Pachycephalosaurus*

; 1850~90년 사이에 북아메리카 여러 지역에서 어느 공룡의 화석 조각이 발견됐지만 모두 서로 다른 동물로 잘못 알려졌어요. 1931년에 미국 고생물학자 찰스 W. 길모어가 '두꺼운 머리 도마뱀'이라는 뜻인 파키케팔로사우루스라고 이름을 지었어요.

몸길이 약 4.5m, 몸무게 약 450kg으로 추정해요. 가장 유명하고 거대한 후두류인 파키케팔로사우루스는 티라노사우루스, 트리케라톱스와 함께 비조류 공룡이 모두 사라진 K-Pg 대멸종(163쪽 참조) 이전까지 살았던 마지막 공룡 중 하나예요.

머리뼈를 제외한 다른 골격은 거의 발견되지 않았어요. 머리 돔 두께가 최대 25cm에 이르고 뇌는 아주 작았어요. 덕분에 외부 충격에서 뇌를 보호할 수 있었죠. 머리 돔 뒤쪽으로는 작은 가시 같은 돌기들이 있었어요. 머리 돔과 가시 돌기는 자라면서 모양이 많이 달라진 것 같아요. 눈은 양쪽이 모두 정면을 향했고 시력이 좋았으리라 추정해요. 다른 후두류처럼 부리는 케라틴으로 이루어졌고, 초식 공

파키케팔로사우루스와 같은 장소에서 다른 후두류 2종, 드라코렉스 호그와트시아와 스티기몰로크 스피니퍼가 발견됐어요. 둘은 파키케팔로사우루스보다 몸집이 작으며 머리 돔이 더 평평하고 가시 돌기가 더 길어서 별개 종으로 여겨졌죠. 그러다 후두류 머리뼈 연구가 이어지면서 2007년에 미국 고생물학자 존 호너가 두 공룡은 파키케팔로사우루스의 어린 개체일지 모른다는 가설을 제기했어요. 2종의 머리뼈 단면은 스펀지처럼 구멍이 숭숭 뚫려 있었죠. 이것은 성장기 공룡의 머리뼈에서 나타나는 특징이에요. 2010년 연구 결과, 머리뼈가 평평한 후두류는 머리뼈가 둥근 후두류의 어린 개체라는 사실이 밝혀졌어요. 2016년 연구에서는 2종의 머리뼈에서 보이는 특징과 어린 파키케팔로사우루스의 머리뼈 성장 곡선에서 나타나는 특징이 같다는 결과가 나왔고요. 이로써 현재 드라코렉스는 큰 이견 없이 파키케팔로사우루스의 아성체로 봐요. 한편, 스티기몰로크는 연구가 더 필요해요. 파키케팔로사우루스 화석은 헬크릭층 하부에서 발견되지만 스티기몰로크 화석은 이보다 더 늦은 시기인 헬크릭층 상부에서만 발견되거든요. 이것은 둘이 다른 종이라는 증거가 될 수도 있어요. 일부에서는 스티기몰로크를 파키케팔로사우루스의 진화한 아종이라고 여기기도 해요.

룡인데도 수각류와 이빨 생김새가 비슷했죠. 그래서 학명을 지은 찰스 W. 길모어는 파키케팔로사우루스가 트로오돈에 속한다고 생각했어요. 그러나 1943년, 미국 고생물학자 바넘 브라운과 에리히 마렌 슐레이키어가 추가로 발견한 화석과 함께 길모어가 트로오돈 와이오밍엔시스라고 이름 붙인 공룡도 파키케팔로사우루스였다는 사실을 밝혀냈어요.

다 자란 수컷은 스테고케라스와 마찬가지로 머리 돔을 써서 박치기한 것으로 보여요. 2013년 연구 결과, 파키케팔로사우루스의 머리뼈 하나에 외상 흔적이 23개나 있었고 상처 회복을 돕는 섬유아세포도 발견됐어요. 어린 개체의 머리뼈에는 상처가 없었고요.

백악기 후기 | 조반목 각룡하목

프로토케라톱스 *Protoceratops*

1922년 9월, 탐험가 로이 채프먼 앤드루스가 이끌던 미국 탐험대가 고비 사막에서 인류 조상을 찾다가 처음 화석을 발견했어요. 화석의 주인공은 각룡류의 조상이라 여겨졌고, 1923년에 '첫 번째 뿔 달린 얼굴'이라는 뜻인 프로토케라톱스라고 이름이 지어졌어요.

몸길이 최대 2~2.5m, 몸무게 62~104kg으로 추정해요. 작은 각룡류이지만 프릴만큼은 후대의 거대한 각룡류 못지않게 큼직했어요. 프릴은 머리뼈가 목 뒤쪽으로 크게 넓어진 구조를 가리켜요(126쪽 참조). 프로토케라톱스의 프릴은 어릴 때는 작고 납작했지만 자라면서 점점 더 커졌어요. 프릴 크기나 모양으로 암수를 구별할 수 있다는 가설이 있었지만 지금까지 연구에 따르면 프릴로는 암수를 구별할 수 없어요.

'뿔 달린 얼굴'이라는 이름과 달리 프로토케라톱스에게는 후대의 각룡류처럼 커다란 뿔이 없었어요. 대신 코 위쪽에 날카로운 능선이 하나 솟아 있었어요. 프로토케라톱스 무리에 속하는 종 헬레니코르히누스는 코 위의 뾰족한 능선이 2개였어요.

여러 마리 화석이 한꺼번에 발견된 것으로 보아 프로토케라톱스는 무리 지어 생활했던 것 같아요. 5~12마리가 모인 무리를 보면 어린 개체들과 성체가 섞여 있었어요. 알과 둥지 화석도 다수 발견됐어요. 프로토케라톱스는 폭이 70cm 정도인 둥지에 거북이나 뱀처럼 껍데기가 부드럽고 타원형인 알을 낳았죠. 축축한 흙으로 덮인 알은 부화하는 데에 약 83일이 걸렸으리라 봐요. 발견된 둥지 하나에서는 새끼 15마리의 화석도 있었어요. 부서진 알껍데기는 없었고 새끼들은 어느 정도 자란 상태였어요. 이는 새끼들이 태어나고 얼마 동안은 둥지에 머무르며 부모의 돌봄을 받았다는 것을 뜻하죠. 어린 프로토케라톱스는 어른과 달리 두 발로 걸을 수 있었어요.

민속학자이자 과학사학자인 에이드리엔 메이어는 고대 스키타이 유목민이 금을 채굴하다가 프로토케라톱스 화석을 발견했고 맹금류 같은 부리, 날카로운 발톱, 사족 보행했던 모습을 떠올리며 황금을 지키는 신화 속 생물 그리핀을 상상해 냈다는 가설을 발표했어요.

백악기 후기 | 조반목 각룡하목

스티라코사우루스 *Styracosaurus*

; 1913년, 고생물학자이자 화석 수집가였던 찰스 모트람 스턴버그는 캐나다 앨버타주의 공룡주립공원에서 각룡류 화석을 발견했어요. 같은 해에 고생물학자 로렌스 램이 '가시 있는 도마뱀'이라는 뜻인 스티라코사우루스라고 이름을 지었어요.

몸길이 5~5.5m, 몸무게 1.8~2.7t으로 추정해요. 특히 화려한 프릴이 달린 각룡류로(126쪽 참조), 프릴에는 작은 돌기들과 함께 거대한 가시가 4~6개 달려 있었어요. 가시는 어릴 때는 매우 작았지만 자라면서 점점 길어져 어른이 되면 50cm가 넘었어요. 스티라코사우루스는 종에 따라, 또 같은 종이더라도 개체마다 프릴 모양이 조금씩 달랐어요. 가시가 6개 이상인 표본도 있으며 심지어 프릴 좌우가 비대칭인 화석이 발견되기도 했죠.

스티라코사우루스는 같은 각룡류인 트리케라톱스와 달리 눈 위에는 마치 눈썹 같은 아주 작은 뿔이, 코 위에는 기다란 뿔이 있었죠. 코 뿔의 길이는 60cm 정도였을 거예요. 부리는 다른 각룡류와 마찬가지로 뾰족하고 케라틴으로 덮여 있었어요. 줄지어 난 이빨은 평생 새롭게 교체됐고요. 그러나 각룡류는 현생 포유류처럼 먹이를 잘게 씹어 먹지는 못했어요. 스티라코사우루스 역시 수백 개 뼈가 함께 발견된 것으로 보아 다른 각룡류처럼 거대한 무리를 지어 이동했을 것 같아요.

프릴 가시가 바깥쪽으로 넓게 퍼지는 것이 아니라 안쪽으로 모이는 특징 때문에 스티라코사우루스 오바투스는 한때 루베오사우루스라는 별도 속으로 분리되기도 했어요. 그러나 스티라코사우루스 무리는 개체 변이가 심하다는 사실과 프릴 모양을 빼면 스티라코사우루스와 다른 점이 없다는 사실이 밝혀지면서 스티라코사우루스 오바투스로 재분류됐죠. 다만 여전히 오바투스의 분류에 관해서는 논란이 많아 스티라코사우루스의 모식종(무리를 대표하는 종)으로 재분류될 수도 있어요.

스티라코사우루스

백악기 후기 | 조반목 각룡하목

파키리노사우루스 *Pachyrhinosaurus*

몸길이 5~8m, 몸무게 2~3.6t으로 추정하는 각룡류예요. 1986~89년에 캐나다 앨버타주 핍스톤 크릭 지층에서 머리뼈 14개를 비롯해 3,500개 뼈가 동시에 발굴됐어요. 홍수로 불어난 강을 건너려다 실패한 무리의 것으로 보여요. 크게 4단계로 나눌 수 있는 다양한 연령대의 뼈가 섞여 있었고, 이로써 파키리노사우루스는 거대한 무리를 이루고 새끼를 돌봤다는 사실을 알 수 있어요.

파키리노사우루스는 각룡류(126쪽 참조)이지만 뿔이 없는 대신 머리에 거대하고 납작한 뼈로 이루어진 혹이 있었어요. 혹은 자라면서 점차 커졌고 종마다 모양이 조금씩 달랐어요. 수컷은 이 혹을 써서 부딪치거나 밀어내며 경쟁자, 포식자와 다퉜을 거예요. 프릴 위에는 구부러진 작은 뿔이 한 쌍 있었어요. 일부 종은 프릴 가운데에 작은 뿔이 솟아 있기도 했어요. 프릴도 혹처럼 종마다 생김새가 달랐어요.

파키리노사우루스 화석이 많이 발견된 또 다른 지층인 알래스카 프린스 크릭은 백악기에도 고위도 지역이었어요. 백야와 극야 현상이 일어나고 연평균 기온은 5~6도로 쌀쌀했어요. 추운 곳에서 살았기에 파키리노사우루스에게도 프시타코사우루스처럼 깃털이 있지 않았을까 추측하는 고생물학자들도 있었어요. 그러나 최근 공룡의 피부 인상화석을 광범위하게 조사한 결과에 따르면 파키리노사우루스를 비롯한 후대의 대형 각룡류에게는 깃털이 없었을 가능성이 커요.

1945~46년에 캐나다 앨버타주 호스슈 캐니언 지층에서 처음으로 불완전한 머리뼈가 2개 발견됐어요. 1950년에 캐나다 고생물학자이자 화석 수집가였던 찰스 모트람 스턴버그가 '두꺼운 코 도마뱀'이라는 뜻인 파키리노사우루스라고 이름을 지었어요.

파키리노사우루스 카나덴시스

파키리노사우루스 카나덴시스(모식종)와 페로토룸은
코와 눈 위에 있는 혹이 서로 거의 붙어 있었지만 라쿠스타이는 두 혹 사이가 넓었어요.
또한 카나덴시스와 라쿠스타이는 프릴 위쪽에 달린 구부러진 뿔 가운데에
작은 뿔이 한 쌍 있었지만 페로토룸은 없었죠. 대신 프릴 구멍 위쪽에 작은 뿔이 있었어요.
라쿠스타이는 프릴의 뿔이 유난히 구부러져 있었으며 프릴 가운데 산(山)자처럼 생긴 뿔이 있었어요.

파키리노사우루스

백악기 후기 | 조반목 각룡하목
트리케라톱스 *Triceratops*

몸길이 8~9m, 몸무게 5~9t으로 추정해요. 가장 널리 알려진 공룡이자 K-Pg 대멸종(163쪽 참조) 이전까지 살았던 마지막 비조류 공룡 중 하나이기도 하죠. 미국 헬크릭층에서 발견되는 화석 대부분이 트리케라톱스일 만큼 매우 번성한 무리예요. 다만 다른 각룡류와 달리 수백 마리로 이루어진 거대한 무리 화석이 발견된 적은 없어요. 그래서 소규모로 무리를 이뤘거나 다 자라지 않은 어린 개체들이 조그맣게 무리를 이뤘으리라 추정해요.

최대 2.5m가 넘었던 거대한 머리뼈를 보면 다른 각룡류와 달리 프릴(126쪽 참조)이 짧은 편이었으며 프릴에 구멍이 뚫려 있지 않았어요. 프릴에 화려한 장식은 없었지만 작은 쐐기 모양 뿔(epoccipital)들이 있었어요. 쐐기 뿔은 자라면서 점점 작아지다 프릴과 하나가 됐죠. 눈 위쪽에 있는 긴 뿔은 케라틴으로 덮여 있었을 거예요. 뿔 길이는 1m에 이르렀으며 자라면서 완만한 S자를 이뤘어요. 코 위쪽에 있는 작은 뿔은 종마다 크기가 달라 프로르수스의 뿔이 호리두스보다 컸어요. 부리는 다른 각룡류와 마찬가지로 케라틴으로 이루어졌고 평생 교체되는 이빨도 줄지어 나 있었어요. 일부 고생물학자들은 부리와 이빨이 고기를 뜯기에 알맞아 보인다며 트리케라톱스가 잡식성이었으리라고 주장해요. 그러나 아직 이 가설을 뒷받침할 만한 화석 증거는 부족해요.

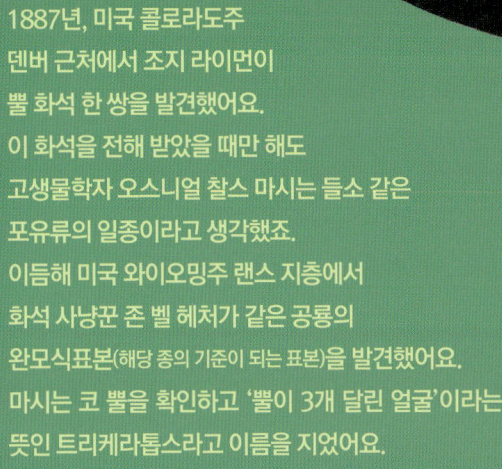

1887년, 미국 콜로라도주
덴버 근처에서 조지 라이먼이
뿔 화석 한 쌍을 발견했어요.
이 화석을 전해 받았을 때만 해도
고생물학자 오스니얼 찰스 마시는 들소 같은
포유류의 일종이라고 생각했죠.
이듬해 미국 와이오밍주 랜스 지층에서
화석 사냥꾼 존 벨 헤처가 같은 공룡의
완모식표본(해당 종의 기준이 되는 표본)을 발견했어요.
마시는 코 뿔을 확인하고 '뿔이 3개 달린 얼굴'이라는
뜻인 트리케라톱스라고 이름을 지었어요.

2010년, 미국 몬태나대학의 존 스카넬라와 고생물학자 존 호너는
트리케라톱스가 토로사우루스라는 각룡류의 어린 개체라는 가설을 발표했어요.
토로사우루스는 트리케라톱스와 같은 시대를 살았고 트리케라톱스만큼이나 거대했던 각룡류예요.
둘은 생김새가 거의 비슷했지만 토로사우루스의 프릴이 더 길었으며 프릴에 커다란 구멍이 2개 있었죠.
존 호너는 토로사우루스의 프릴 구멍과 트리케라톱스 프릴의 얇은 부분이 일치하며,
각룡류의 머리뼈는 변성골이라 자라면서 충분히 모양이 달라질 수 있다고 봤죠.
또한 토로사우루스는 어린 개체가 발견되지 않지만 트리케라톱스는
다양한 연령대 개체가 발견된다는 점도 근거로 들었어요.
그러나 둘의 머리뼈 36개를 분석한 고생물학자
니콜라스 롱리치와 다니엘 필드의 연구로 호너의 주장은 반박됐어요.
트리케라톱스 프릴의 얇은 부분은 토로사우루스 프릴 구멍과 일치하지 않았고
일부 트리케라톱스는 토로사우루스보다 성숙했어요. 따라서 현재는 둘을 완전히 별개 종으로 봐요.

백악기 후기 | 조반목 각룡하목

카스모사우루스 *Chasmosaurus*

; 1898년에 처음으로 화석을 발견한 고생물학자 로렌스 램은
이 공룡을 각룡류인 모노클로니우스 종류라고 생각했죠.
1913년에 고생물학자이자 화석 수집가였던
찰스 하젤리우스 스턴버그와 그의 세 아들이
추가로 발견한 화석을 보고서야
램은 자신이 발견한 공룡이 신종이라는 것을
깨닫고 프로토로사우루스라고 이름을 지었어요.
그러나 이 이름은 다른 종의 이름으로 쓰이고 있어서
1914년에 '열린 도마뱀'이라는 뜻인 카스모사우루스라고
새로 이름을 지어 발표했어요.

카스모사우루스 벨리

몸길이 4.3~4.8m, 몸무게 1.5~2t으로 추정해요. 크기는 중간 정도 되는 각룡류이지만(126쪽 참조) 프릴은 아주 커서 얼굴보다 길었고 뒤쪽으로 갈수록 넓어졌으며 완만한 V자를 이뤘어요. 이름에서도 알 수 있듯 프릴 뼈에는 모서리가 각지지 않은 삼각형 구멍이 2개 있었어요. 살아 있었을 때 이 구멍은 근육과 피부로 덮여 있었을 거예요. 프릴 주변 장식은 수수한 편이었고요. 길이가 아주 짧은 뿔이 코 위쪽에 1개, 눈 위쪽에 2개 있었어요. 눈 위쪽 뿔이 더 짧으며 프릴 옆면이 날카로운 V자이면 벨리, 눈 위쪽 뿔이 더 길고 뒤로 구부러졌으며 프릴 옆면이 다소 완만한 U자이면 러셀리로 분류해요.

2010년, 캐나다 앨버타주에서 어린 카스모사우루스 화석이 발견됐어요. 크기는 1.5m이며 앞다리와 꼬리 끝부분을 제외하면 상태가 아주 온전했어요. 3살로 추정되며 프릴이 얼굴보다 짧았고 모양 또한 어른과 달랐죠. 이로써 카스모사우루스는 자라면서 프릴 모양이 많이 달라진다는 사실을 알게 됐죠. 다만 사지 비율은 성체와 큰 차이가 없었어요. 이것은 성체가 빠르게 움직이지 않아 새끼도 성체를 쫓아 빠르게 움직일 필요가 없었다는 것을 뜻해요.

카스모사우루스

장가 방패?

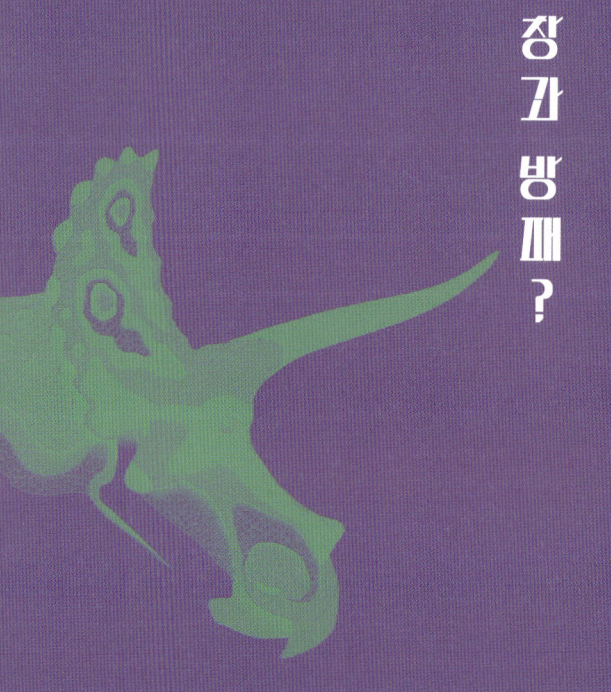

각룡류는 프릴과 뿔이 특징인 초식 공룡 무리예요. 백악기 후기에 매우 번성했으며 다양한 모습으로 분화했죠.

프릴은 현대 동물에서는 거의 찾아볼 수 없는 독특한 구조여서 고생물학자들은 오랫동안 프릴 용도에 대해 연구해 왔어요. 20세기 초, 고생물학자 리처드 스완 룰은 프릴이 거대한 턱 근육을 지탱한다고 생각했어요. 그러나 프릴에서 턱 근육이 붙어 있던 흔적은 발견되지 않았죠. 그 후 한참 동안 프릴은 포식자를 위협하고 목을 방어하는 용도로 여겨졌어요. 사실 프릴은 두께가 얇고, 프로토케라톱스나 스티라코사우루스에서 볼 수 있듯 대부분 커다란 구멍이 2개 뚫려 있었기에 방어용으로 적합하지 않았는데 말이죠. 어떤 고생물학자들은 프릴의 넓은 면적을 근거로 삼아 체온 조절용이라고 주장하기도 했죠. 현생 코끼리의 귀처럼 말이에요. 그러나 스티라코사우루스나 카스모사우루스를 보면 알 수 있듯 체온 조절용만이라기에는 생김새가 너무 화려했죠. 1961년, 짝을 찾는 데에 프릴을 썼을 것이라는 가설이 처음 제시됐어요. 지금까지 연구를 봐도 각룡류가 같은 종끼리 서로를 인식하거나 이성을 유혹하거나 힘을 과시할 때 프릴을 썼을 가능성이 더 커요. 그래서 프릴은 아마 색상과 무늬도 화려했을 거예요.

각룡류의 또 다른 특징인 뿔은 흔히 동족끼리 힘을 겨루거나 포식자를 찌르는 용도로 묘사되고는 해요. 그러나 카스모사우루스는 뿔이 매우 짧고 에이니오사우루스는 아래쪽으로 굽었으며 파키리노사우루스는 아예 없어서 무기처럼 쓰기는 어려웠을 거예요. 프릴처럼 뿔도 과시용이 아니었을까 추측해요. 다만 트리케라톱스 뿔 화석을 보면 부러졌거나 긁힌 흔적이 많아요. 2009년, 켄트로사우루스와 트리케라톱스의 머리뼈 상처를 비교한 연구 결과에 따르면 트리케라톱스 프릴에 더욱 상처가 많았어요. 대개 뿔에 찔린 상처였죠. 또한 뿔은 뿌리 부분이 비어 있어 외부에서 오는 충격을 누그러뜨릴 수 있었을 거예요. 이런 점으로 미루어 보면 트리케라톱스가 같은 종끼리 뿔을 맞대며 힘 겨루기한 것은 확실해 보여요.

한편 트리케라톱스의 일부 뿔 화석에서는 티라노사우루스에게 물렸다가 치유된 흔적도 발견됐어요. 이 흔적은 트리케라톱스가 몸을 방어할 때 뿔을 사용했던 증거로 볼 수 있죠. 과시용 뿔이 있는 현대 동물도 위험에 처하면 뿔을 공격과 방어에 적극 사용하기에 트리케라톱스처럼 뿔이 발달한 각룡류도 위험한 상황에서는 뿔을 무기처럼 썼을지도 몰라요.

있다? 없다?

영화를 비롯한 대중 매체 속에서 공룡은 무시무시한 이빨을 드러내는 모습으로 묘사되고는 해요. 이빨을 턱 밖으로 드러내는 현생 동물은 악어와 코끼리, 멧돼지 정도예요. 도마뱀과 뱀도 이빨이 길고 날카롭지만 입술에 가려 겉으로는 전혀 드러나지 않아요. 그렇다면 실제로 공룡은 어땠을까요?

우선 공룡에 입술이 있었는지부터 알아야 해요. 입술은 부패하기 쉬운 연조직으로 이루어져 화석에서는 흔적을 찾을 수가 없어요. 대신 뼈에서 흔적을 유추해 볼 수 있다는 의견이 있어요. 수각류 턱뼈 가장자리에 혈관이 지난 흔적과 영양공(혈관이 뼈 속으로 드나든 구멍)이 관찰되거든요. 이것을 공룡에게 입술이 있었다는 강력한 증거로 여기는 고생물학자가 많아요. 그러나 반론도 만만치 않아요. 2017년 연구에서는 이것을 오히려 입술이 없었다는 증거로 삼았어요. 공룡은 턱이 완전히 맞물리며 입술이 있는 도마뱀과 뱀보다는 악어와 더 생물학적으로 가깝다며, 이 흔적과 영양공은 악어와 마찬가지로 주둥이가 크고 납작한 비늘로 덮여 있던 증거라고 했어요. 또한 수각류는 이빨이 길어 입술로 다 덮을 수 없었을 것이라고 봤죠.

그러던 2023년, 수각류 입술에 관한 새로운 논문이 발표됐어요. 공룡 이빨의 에나멜질을 분석한 결과 심하게 마모되는 악어 이빨과는 달리 마모 흔적이 거의 없었어요. 에나멜질은 공기에 노출돼 수분이 증발하면 구조가 약해지기 때문에 마모 흔적이 없다는 것은 공룡 이빨이 입술에 가려져 있었을 것이라고 볼 만한 강력한 증거죠. 줄지어 난 영양공은 입술이 있는 현생 도마뱀의 영양공과도 일치했어요. 머리뼈에서 이빨이 차지하는 비율은 현생 왕도마뱀보다 크지 않았고요. 아직 수각류 입술 유무를 밝힐 만한 획기적인 증거가 발견되지는 않았지만 지금까지 연구 결과에 따르면 공룡에게 입술이 있었다고 보는 것이 타당할 것 같아요.

유무가 밝혀지지 않은 것은 조반류의 뺨도 마찬가지예요. 우선 조반류에게 뺨이 있었다고 주장하는 고생물학자들은 조반류, 그중에서도 조각류가 먹이를 씹어 먹었다는 점을 근거로 내세워요. 뺨이 없다면 먹이는 모두 턱 밖으로 흐를 테니까요. 그래서 복원한 조각류에는 대개 뺨이 있어요. 또한 먹이를 씹지 못한 조반류 역시 뺨 없이는 먹이를 삼키기 어려웠으리라 여겨요. 그러나 거북이나 이구아나 같은 현생 초식성 파충류를 보면 뺨이 없는데도 턱과 혀를 이용해 먹이를 능숙하게 삼켜요. 또한 조반류 머리뼈의 근육에 관한 2018년 연구에 따르면 뺨이 있을 경우 주로 머리를 앞뒤로 움직이며 씹는 데에 방해가 되기 때문에 근육질 뺨은 없었을 가능성이 더 커요. 사실 지금까지 조반류 뺨 복원은 지나치게 포유류를 기반으로 했기에 정확도가 떨어질 수밖에 없어요. 공룡에게 뺨이 있었더라도 포유류 뺨과는 전혀 다른 구조였을지 몰라요. 현대의 새처럼요.

공룡의 데스마스크라도 발견되기 전까지는 공룡의 입술과 뺨 논쟁은 쉽게 가라앉지 않을 것 같아요.

백악기 후기 | 조반목 곡룡하목

안킬로사우루스 *Ankylosaurus*

1906년, 미국 고생물학자 바넘 브라운이 이끄는 미국 자연사박물관 탐험대는 몬태나주 길버트 크릭의 헬크릭층에서 커다란 공룡의 머리뼈와 이빨, 경추와 척추, 꼬리뼈, 갈비뼈 등과 함께 30여 개 골배엽(뼈로 이루어진 돌기) 화석을 발견했어요. 1908년에 브라운은 단단하게 융합된 머리뼈를 보고 '융합된 도마뱀'이라는 뜻인 안킬로사우루스라고 이름을 지었어요. 표준국어대사전에는 안킬로사우루스로 올라 있지만 라틴어 표기법에 따라 앙킬로사우루스라고 쓸 수도 있어요.

몸길이 6~8m, 몸무게 4~8t으로 추정하며 등이 골편으로 덮인 곡룡류 중에서 가장 커요. 가장 유명한 곡룡류이지만 온전한 화석은 발견되지 않았어요. 특히 화석이 되는 과정에서 골편은 이곳저곳으로 흩어지기에 골편이 어떻게 배열됐는지는 정확히 알 수 없어요. 다만 등을 따라 일정 간격으로 놓였으리라 추정할 뿐이죠. 골편은 얇지만 콜라겐 구조로 단단했어요. 안킬로사우루스는 눈꺼풀조차 뼈로 이루어져 백악기의 장갑차라고 불려요.

바넘 브라운은 당시 알려진 스테고사우루스와 거대 아르마딜로 종류인 글립토돈을 바탕으로 안킬로사우루스를 복원했어요. 등은 아치형으로 굽었고 골편은 촘촘했으며 꼬리는 곤봉 없이 축 처져 있었죠. 1910년에 안킬로사우루스의 상징인 꼬리곤봉 화석이 발견됐지만 복원된 모습은 여전히 다리는 구부정하고 굼뜬 자세로 꼬리를 끌며 느릿느릿 걷는 데에서 벗어나지 못했어요. 수평으로 뻗은 꼬리와 똑바로 선 네 다리를 되찾은 것은 불과 얼마 되지 않았죠.

거대한 꼬리곤봉은 너비가 57cm에 이르며, 7개 꼬리뼈가 하나로 뭉쳐진 끄트머리에 달려 있었어요. 엉덩이에 맞닿은 부분과 곤봉을 제외한 나머지 꼬리뼈는 뼈 힘줄로 고정되어 있었을 거예요. 그래서 꼬리를 좌우로 100도 가량 휘두를 수도, 강한 힘을 곤봉에 전달할 수도 있었어요. 성체라면 꼬리곤봉으로 포식자의 다리뼈에 타격을 줄 수도 있었겠죠. 친척인 타르키아 화석을 보면 꼬리곤봉을 같은 종끼리 경쟁할 때도 쓴 것 같아요.

이빨이 작고 교체 주기가 길었어요. 안킬로사우루스가 씹지 않고 대충 삼킨 식물은 거대한 흉곽 속에 자리한 내장에서 천천히 발효됐을 거예요.

백악기 후기 | 조반목 테스켈로사우루스과
코레아노사우루스 *Koreanosaurus*

, 2003년 5월, 한국공룡연구센터 발굴팀이
전라남도 보성군 비봉리에서 화석을 발견했어요.
화석을 둘러싼 암석이 어찌나 단단했는지 발굴하고
복원하는 데에만 5년이 걸렸죠. 2011년에 '한국 도마뱀'이라는 뜻인
코레아노사우루스라고 이름이 지어졌어요.
우리나라에서는 코리아노사우루스라고도 해요.

몸길이 2~2.4m로 추정해요. 목뼈와 척추뼈 일부, 갈비뼈와 어깨뼈, 위팔뼈와 뒷다리뼈 등 뼛조각 화석이 발견됐어요. 아쉽게도 머리뼈는 발견되지 않았고요. 그렇지만 적어도 3마리로 추정되는 같은 속 공룡 화석이 한국에서 발견됐다는 점만으로도 뜻깊어요. 우리나라에서 단일 공룡으로는 화석이 가장 많이 발견됐다는 점도 중요하고요.

처음에는 언뜻 힙실로포돈 같은 소형 조각류와 비슷해 보였죠. 그러나 어깨뼈가 매우 크며 위팔뼈가 넙다리뼈보다 길었죠. 이것은 이족 보행을 하는 소형 조각류와는 확연히 다른 점이었어요. 같은 오로드로메우스아과에 속하는 오릭토드로메우스가 굴을 파고 살았기에 앞다리가 길고 튼튼한 코레아노사우루스도 굴을 팔 수 있었으리라 추정해요.

코레아노사우루스가 발견된 비봉리에서는 지금도 공룡의 알과 둥지 화석이 발견되기에 코레아노사우루스 화석도 추가로 발견될 가능성이 있어요.

백악기 후기 | 용반목 용각아목
아르겐티노사우루스 *Argentinosaurus*

; 1987년, 아르헨티나 플라자 후인쿨시 근처 농장에 사는 농부가 처음 화석을 발견했어요.
1989년에는 척추뼈와 골반뼈, 다리뼈가 여럿 발굴됐죠.
1993년에 '아르헨티나의 도마뱀'이라는 뜻인 아르겐티노사우루스라고 이름이 지어졌어요.
우리나라에서는 아르헨티노사우루스라고도 해요.

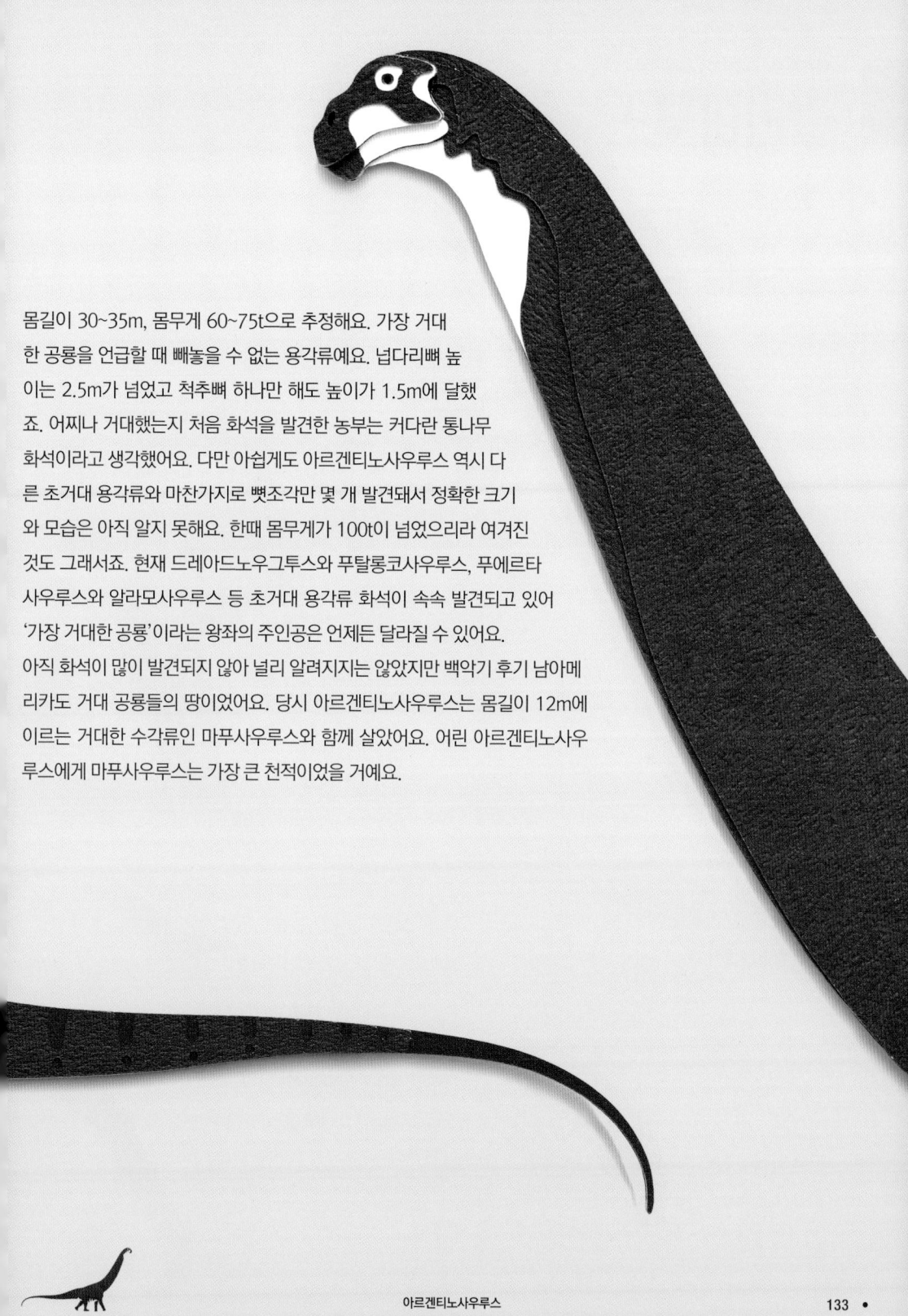

몸길이 30~35m, 몸무게 60~75t으로 추정해요. 가장 거대한 공룡을 언급할 때 빼놓을 수 없는 용각류예요. 넙다리뼈 높이는 2.5m가 넘었고 척추뼈 하나만 해도 높이가 1.5m에 달했죠. 어찌나 거대했는지 처음 화석을 발견한 농부는 커다란 통나무 화석이라고 생각했어요. 다만 아쉽게도 아르겐티노사우루스 역시 다른 초거대 용각류와 마찬가지로 뼛조각만 몇 개 발견돼서 정확한 크기와 모습은 아직 알지 못해요. 한때 몸무게가 100t이 넘었으리라 여겨진 것도 그래서죠. 현재 드레드노우그투스와 푸탈롱코사우루스, 푸에르타사우루스와 알라모사우루스 등 초거대 용각류 화석이 속속 발견되고 있어 '가장 거대한 공룡'이라는 왕좌의 주인공은 언제든 달라질 수 있어요. 아직 화석이 많이 발견되지 않아 널리 알려지지는 않았지만 백악기 후기 남아메리카도 거대 공룡들의 땅이었어요. 당시 아르겐티노사우루스는 몸길이 12m에 이르는 거대한 수각류인 마푸사우루스와 함께 살았어요. 어린 아르겐티노사우루스에게 마푸사우루스는 가장 큰 천적이었을 거예요.

아르겐티노사우루스

백악기 후기 | 용반목 수각아목
갈리미무스 *Gallimimus*

1963년에서 1965년 사이, 여성 고생물학자들이 이끄는 것으로 유명했던 몽골–폴란드 고생물학 원정대가 몽골 네메그트 분지에서 다양한 연령대의 공룡 화석을 발견했어요. 1972년에 폴란드 고생물학자 할스카 오스몰스카는 화석 목뼈가 마치 닭 같아서 '닭을 닮은'이라는 뜻인 갈리미무스라고 이름을 지었어요.

몸길이 약 6m, 몸무게 440~450kg으로 추정하며 오르니토미무스과 중에서 가장 거대한 공룡이에요. 목과 뒷다리가 길쭉해서 꼭 꼬리가 달린 타조처럼 보였을 거예요. 그래서 오르니토미무스과 공룡을 타조 공룡이라고 부르기도 해요. 실제로 일부 고생물학자들은 갈리미무스가 최대 시속 42~56km로 달릴 수 있었으리라 추정해요.

긴 목에 작은 머리가 달렸고 주둥이가 마치 주걱처럼 생겼어요. 북아메리카에서 발견된 오르니토미무스과 공룡은 갈리미무스와 달리 주둥이가 뾰족했어요. 현생 조류처럼 이빨이 없었고 부리는 케라틴으로 덮여 있었어요. 보존 상태가 좋은 턱뼈 화석 안쪽에는 얇은 판이 겹겹이 쌓여 있었어요(라멜라 구조). 이 때문에 2001년, 갈리미무스가 홍학처럼 먹이를 입안에서 걸러 먹었을 것(여과 섭식)이라는 주장도 제기됐어요. 그러나 갈리미무스 입안 구조는 하드로사우루스과 공룡이나 현생 거북과 더 비슷했고, 부리 모양도 오늘날의 초식 조류와 닮았죠. 또한 먹이를 입안에서 걸러 먹는 현생 조류의 라멜라 구조는 갈리미무스와 달리 강모로 이루어져 있고요. 먹이를 걸러 먹어서 얻는 열량만으로는 갈리미무스의 거대한 덩치를 유지하기 어려웠을 것이라는 의견도 있고요. 배 속에서 거친 식물을 소화하는 데에 쓰인 위석도 발견됐기에 현재는 갈리미무스를 초식 또는 상황에 따른 잡식 공룡으로 봐요.

오르니토미무스과 중에서 앞다리가 가장 짧았어요. 성체 앞다리 화석에서만 척골에 깃혹(깃털이 들러붙는 점)이 남아 있었어요. 아마 성체는 앞다리에 난 깃털로 이성을 유혹하거나 힘을 과시했을 거예요.

갈리미무스

백악기 후기 | 용반목 수각아목
데이노케이루스 *Deinocheirus*

1965년 7월 9일, 폴란드 고생물학자 조피아 카일란-자우오로우스카는 몽골 네메그트 분지에서 거대한 수각류 화석을 발견했어요. 오른쪽 발톱을 제외하고는 온전한 앞다리뼈 한 쌍과 갈비뼈 약간 그리고 척추뼈 3개였죠. 1970년에 폴란드 고생물학자 할스카 오스몰스카와 에바 로니에비츠가 '무서운 손'이라는 뜻인 데이노케이루스라고 이름을 지었어요.

몸길이 약 11m, 몸무게 5~6.5t으로 추정해요. 오르니토미무스류 중에서는 몸집이 가장 거대해요. 데이노케이루스는 첫 번째 화석이 발견된 후로 약 50년 동안 다른 화석이 발견되지 않았어요. 그 탓에 초거대 수각류에서부터 팔만 엄청나게 큰 공룡까지 다양한 모습으로 묘사됐죠. 시간이 흘러 2006년과 2009년 한국-몽골 국제공룡탐사에서 새로운 화석이 발견됐지만 안타깝게도 화석은 이미 도굴되어 훼손된 상태였어요. 특히 중요한 머리뼈가 사라졌죠. 도굴된 화석은 프랑스, 일본, 중국, 독일, 벨기에를 지나 2014년 5월 1일에야 몽골로 반환됐어요.

드디어 밝혀진 데이노케이루스의 진짜 모습은 매우 기이했어요. 마치 갈리미무스와 하드로사우루스를 섞어 놓은 것 같았죠. 다른 오르니토미무스류에 비해 뒷다리가 짧고 발가락뼈의 비율은 티라노사우루스와 비슷했어요. 덕분에 무거운 체중을 지탱할 수 있었죠. 끝이 뭉툭한 발톱도 특이했어요. 머리뼈는 1m쯤 됐고 부리는 케라틴으로 덮여 있었어요. 아래턱은 매우 두껍고 이빨이 없었죠. 턱은 물속에서 먹이를 찾기에 알맞은 형태였어요. 약 7,000만 년 전, 화석이 발견된 네메그트 분지는 얕은 호수와 물길, 늪이 있던 습한 환경이었어요. 데이노케이루스는 부드러운 물풀을 주로 먹었겠지만 화석 위 부분에서 위석과 물고기 비늘이 발견된 것으로 보아 상황에 따라 작은 동물도 사냥한 것으로 보여요.

신경배돌기(척추 가시)는 등 가운데 쪽으로 갈수록 높아져 꼭 낙타 혹처럼 보였을 거예요. 꼬리 끝의 뼈 몇 개가 뭉친 것으로 보아 부채 모양 꼬리 깃털이 있었을 것 같아요. 거대한 앞다리는 적을 위협하거나 물에서 풀을 건져 올릴 때 팔처럼 썼을 거예요. 가까운 친척들처럼 데이노케이루스도 몸 일부에 깃털이 있었을지 몰라요.

데이노케이루스의 진짜 모습을 찾기까지 한국 고생물학자 이융남 박사의 노력이 매우 컸어요. 50여 년 만에 새로운 화석을 발견한 것은 물론 도굴된 화석이 반환되는 데에도 큰 역할을 했어요. 2014년에는 이융남 박사가 이항재 지질박물관 연구원, 캐나다 고생물학자 필립 커리, 몽골 고생물학자들 등 여러 동료와 함께 데이노케이루스를 연구한 결과가 학술지 〈네이처〉에 실렸어요. 한국인이 주도한 고생물학 논문이 〈네이처〉에 실린 것은 그때가 처음이었어요.

백악기 후기 | 용반목 수각아목
벨로키랍토르 *Velociraptor*

; 1923년 8월 11일, 미국 자연사박물관 탐험대가 몽골 고비사막에서 처음 화석을 발견했어요. 1924년에 미국 자연사박물관의 관장이자 고생물학자였던 헨리 페어필드 오스본이 '날렵한 약탈자'라는 뜻인 벨로키랍토르라고 이름을 지었어요.

몸길이 1.5~2m, 몸무게 14~19.7kg으로 추정하는 드로마이오사우루스과 공룡이에요. 영화 〈쥬라기 공원〉 시리즈에서 묘사된 모습과 달리 꽤 작았어요. 화석은 12개 이상 발견됐으며 중소형 드로마이오사우루스과에서는 가장 많은 양이에요. 그러나 여러 마리가 함께 있는 화석이 발견된 데이노니쿠스나 우타랍토르와 달리 혼자 있는 화석만 발견됐어요. 날렵하고 위로 굽은 머리뼈가 특징이에요. 드로마이오사우루스과답게 갈고리발톱이 컸어요. 길이가 6.5cm에 이르렀어요. 1971년, 몽골-폴란드 고생물학 원정대는 프로토케라톱스와 벨로키랍토르가 사투를 벌이는 모습이 거의 온전하게 남은 화석을 발견했어요. 일명 '싸우는 공룡들'은 서로 엉킨 상태로 프로토케라톱스는 벨로키랍토르의 오른쪽 앞다리를 물고 있었고 벨로키랍토르는 프로토케라톱스의 얼굴을 할퀴며 목에다 갈고리발톱을 박고 있었어요. 이로써 벨로키랍토르가 갈고리발톱으로 먹잇감의 배를 가르고 내장을 꺼낸 것이 아니라 경동맥처럼 중요한 기관을 찔렀다는 사실을 알 수 있어요.

이후 이루어진 여러 연구에서도 드로마이오사우루스과의 갈고리발톱은 가죽을 베는 것보다 찌르는 것에 특화됐다는 사실이 밝혀졌어요. 벨로키랍토르는 맹금류나 느시사촌처럼 먹이를 발톱으로 찍어 눌렀을 거예요.

연조직이 남아 있지는 않지만 팔뼈에서 깃혹(깃털이 들러붙는 점)이 발견됐어요. 또한 벨로키랍토르보다 앞서 살았던 드로마이오사우루스과는 모두 깃털이 있었기에 벨로키랍토르 역시 앞다리에 깃털이 있었을 거예요.

벨로키랍토르

백악기 후기 | 용반목 수각아목

부이트레랍토르
Buitreraptor

2004년, 미국 필드자연사박물관의 공룡 큐레이터 피터 마코비키가 이끄는 발굴 팀이 아르헨티나 파타고니아의 화석 산지 라 부이트레라의 사암층에서 소형 육식 공룡의 화석을 4개 발견했어요. 라 부이트레라는 스페인어로 독수리 둥지라는 뜻이죠. 그래서 2005년에 '독수리 약탈자'라는 뜻인 부이트레랍토르라고 이름이 지어졌어요.

남반구에서 알려진 드로마이오사우루스과 공룡은 남아메리카의 부이트레랍토르와 아우스트로랍토르, 우넨라기아, 네우켄랍토르 정도예요. 이들은 주둥이가 얇고 길쭉하며 갈고리발톱이 작아진 우넨라기아아과에 속하죠. 주로 작은 육상 동물을 사냥했던 다른 드로마이오사우루스과와 달리 우넨라기아아과는 독특하게도 주로 물고기를 사냥했어요.

140

몸길이 약 1.5m, 몸무게 3kg 정도로 추정해요. 뒷다리에 거대한 갈고리발톱이 있는 드로마이오사우루스과에 속하는 작은 육식 공룡이에요. 부이트레랍토르는 호리호리한 체형에 다리가 길며 다른 드로마이오사우루스과에 비해 손가락이 짧고 뒷다리의 발톱이 작았어요.

가비알처럼 유난히 길고 얇은 주둥이 안에는 작은 이빨이 가득했어요. 수각류인데도 이빨은 톱날 모양이 아니었으며 납작한 이빨에는 홈이 나 있고 뒤로 심하게 휘어 있었어요. 이런 이빨로는 먹잇감의 살을 찢기 어렵기 때문에 주로 작은 먹잇감을 잡아 통째로 삼켰을 것 같아요. 일부 고생물학자들은 물가에서 물고기를 사냥했으리라고 보기도 해요.

가까운 친척들 화석에 깃털 흔적이 있었기에 부이트레랍토르 역시 온몸이 깃털로 덮여 있었을 가능성이 매우 커요. 부이트레랍토르를 비롯한 드로마이오사우루스과 몇 종의 화석이 남반구에서 발견되면서 드로마이오사우루스과가 이전에 알려진 것보다 훨씬 더 널리 퍼져 살던 무리였다는 것을 알 수 있어요.

백악기 후기 | 용반목 수각아목
할스즈카랍토르 *Halszkaraptor*

; 화석은 몽골 남부에서 발견된 것으로 추정해요. 2017년, 몽골 공룡을 전문적으로 연구한 폴란드 고생물학자 할스카 오스몰스카를 기리고자 '할스카의 약탈자'라는 뜻인 할스즈카랍토르라는 이름이 지어졌어요. 우리나라에서는 할스카랍토르라고도 해요.

커다란 오리 정도 크기 화석이 발견됐지만 도굴꾼이 훔쳐 몽골 바깥으로 밀반출했어요. 그 후 화석은 일본과 영국을 거쳐 화석 수집가 프랑수아 에스퀼리에 손에 들어갔죠. 에스퀼리에는 화석을 보고 새로운 종이라 생각해 2015년, 벨기에 왕립 자연과학연구소로 가져갔어요. 에스퀼리에의 예상처럼 할스즈카랍토르는 이전에 보고된 적 없는 공룡이었어요.

할스즈카랍토르는 뒷다리에 달린 거대한 갈고리발톱으로 유명한 드로마이오사우루스과에 속하지만 친척들과는 생김새가 사뭇 달랐어요. 고니와 비슷하게 생긴 머리는 작았고 작은 이빨이 가득했어요. 주둥이는 오리처럼 납작했고 가장자리에는 악어에게서 보이는 감각 기관 흔적이 있었어요. 목은 중생대에 살았던 파라베스(새와 새에 가까운 수각류 집단을 모두 포함한 분류군) 중에서 몸길이 대비 가장 길었을 것이고 꼬리는 짧았어요. 무게 중심을 잡아야 했기에 상체는 조금 더 수직이 되게끔 뻗었을 거예요. 그래서 생긴 우아한 몸 곡선 때문에 고니 같아 보였을 수 있어요.

생김새뿐만 아니라 생활사도 오리 종류와 비슷했을지 몰라요. 고생물학자들은 할스즈카랍토르의 신체 특징이 비오리와도 비슷하기에 주로 물가에 살며 물고기를 잡아먹던 반수생 공룡이었다고 생각하거든요. 2022년 12월 발표에 따르면 같은 할스즈카랍토르아과에 속하는 나토베나토르의 신체 구조가 반수생 생활에 적합하기에 할스즈카랍토르 또한 반수생 생활을 했을 가능성이 더 커졌고요. 한편 반수생 동물이라기에는 골밀도가 낮아 진화하는 과정에 있던 드로마이오사우루스과 공룡으로 보는 의견도 있어요.

할스즈카랍토르의 종소명은 화석 반환을 도운 프랑수아 에스퀼리에를 기리고자 '에스쿠일리에이'로 지어졌어요. 에스퀼리에는 데이노케이루스 반환에도 도움을 줬어요.

백악기 후기 | 용반목 수각아목
오비랍토르 *Oviraptor*

1923년, 로이 채프먼 앤드루스가 이끄는 탐험대가 고비사막의 불타는 절벽에서 알 15개와 함께 뼈 화석을 발견했어요. 머리뼈는 둥지 바로 위에서 발견됐죠. 미국 고생물학자 헨리 페어필드 오스본은 이 공룡이 프로토케라톱스의 알을 훔치려다 화석이 된 것이라 생각했고 1924년에 '알 도둑'이라는 뜻인 오비랍토르라고 이름을 지었어요.

몸길이 약 1.6m, 몸무게 33~40kg으로 추정해요. 현대의 새처럼 생긴 수각류예요. 오비랍토르의 화석에서는 깃털이 발견되지 않았지만 가까운 친척들의 화석에 깃혹(깃털이 들러붙는 점)과 깃털이 남아 있기에 오비랍토르 역시 온몸이 깃털로 덮여 있었을 가능성이 커요. 이빨이 없는 대신 입천장에 뾰족한 돌기가 한 쌍 나 있었고 부리는 컸어요. 예전에는 오비랍토르가 입천장 돌기와 부리로 다른 공룡의 알만 깨어 먹고 살았으리라 생각했죠. 이후에는 연체동물의 단단한 껍데기나 열매를 부숴 먹었을 것이라 여겼고요. 그러나 단단한 먹이를 먹는 동물은 주로 이빨이나 부리가 평평하다는 반박이 있었어요. 최근 연구에서 오비랍토르는 주둥이가 앵무새나 초식성 거북과 비슷하며 입을 크게 벌릴 수는 없지만 아래턱이 튼튼하고 턱 힘이 매우 셌다는 사실이 밝혀졌어요. 그러니까 현재의 대형 앵무새처럼 단단한 열매를 깎고 깨어 먹을 수 있었을 거예요. 완모식표본(해당 종의 기준이 되는 표본)의 배 속에서는 도마뱀 화석도 함께 발견됐어요. 이것으로 미루어 보아 오비랍토르는 초식성 수각류이지만 때로는 작은 동물을 사냥하기도 했을 거예요.

1993년, 알을 품은 채로 죽은 오비랍토르의 친척 키티파티의 화석이 발견됐어요. 그 모습은 현대의 새가 알을 품는 것과 비슷했죠. 이로써 1923년에 발견된 오비랍토르는 알을 훔치려던 것이 아니라 자기 알을 돌보던 것이었다는 사실이 밝혀졌어요. 수십 년이 지나서야 도둑 누명에서 벗어난 거죠.

오비랍토르의 종소명 필로케라톱스는 각룡류를 좋아한다는 뜻이에요. 이름을 지을 당시에는 각룡류인 프로토케라톱스의 알을 노렸다고 봤기 때문이죠.

오비랍토르

백악기 후기 | 용반목 수각아목
테리지노사우루스 *Therizinosaurus*

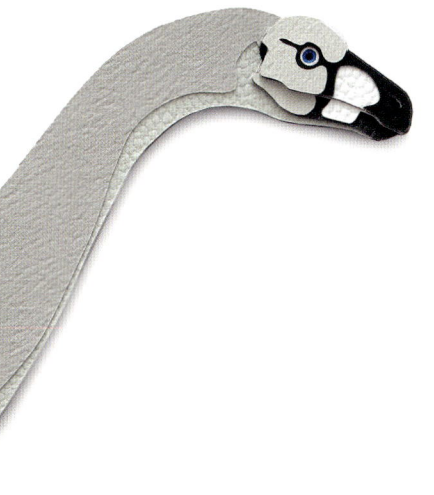
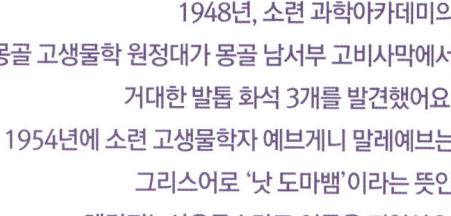

> 1948년, 소련 과학아카데미의
> 몽골 고생물학 원정대가 몽골 남서부 고비사막에서
> 거대한 발톱 화석 3개를 발견했어요.
> 1954년에 소련 고생물학자 예브게니 말레예브는
> 그리스어로 '낫 도마뱀'이라는 뜻인
> 테리지노사우루스라고 이름을 지었어요.

몸길이 9~10m, 몸무게 3~5t으로 추정해요. 기이한 앞발톱과 작은 머리, 수각류이지만 초식성이 강한 테리지노사우루스과에서 가장 거대한 공룡이죠. 그러나 발견 당시에는 공룡이 아니라 거대한 거북 종류라고 여겨졌어요. 발견된 화석이 갈비뼈 몇 개와 뒷다리 일부, 발톱 정도였거든요. 보존 상태가 좋은 친척들의 화석을 참고한 끝에 1970년대 이후에야 목이 길고 머리가 아주 작으며 이빨이 거의 없는 초식성 수각류로 밝혀졌죠.

가장 큰 특징은 이름 유래인 완만한 낫 모양 앞발톱이에요. 남은 뼈 길이만 해도 52cm에 이르고, 살아 있었을 때는 케라틴으로 덮여서 더 길었어요. 앞발톱은 2.4m에 이르는 앞다리에 달려 있었어요. 앞다리는 그리 유연하지는 않았지만 근육이 발달해 힘을 세게 쓸 수 있었어요. 거대한 앞발톱의 용도는 여전히 논란거리예요. 거북으로 오인됐을 때는 해초를 모으는 용도로 여겨지기도 했죠. 흰개미 집을 부수고 땅을 파는 데에 썼으리라는 의견도 나왔지만 발톱 강도가 그럴 만큼 세지는 않은 것으로 보여 이 의견은 받아들여지지 않았어요. 그래서 최근까지는 주로 높이 자라는 나무의 잎과 가지를 잡아당기는 용도로 보는 편이었죠.

2023년, 어느 연구에서 마니랍토라 무리의 앞발톱을 3D 모델링해서 파헤치기, 당기기, 꿰뚫기 3가지 동작을 할 때 앞발톱에 가해지는 충격을 시뮬레이션했어요. 테리지노사우루스는 이 3가지 동작 모두에서 지나치게 강한 충격이 앞발톱에 가해진다는 결과가 나왔어요. 그러니까 커다란 앞발톱은 무언가를 잡거나 부수기보다는 주로 과시할 때나 이성을 유혹할 때나 적을 위협할 때 썼을 가능성이 커진 거죠.

친척인 베이피아오사우루스 화석에서 깃털이 발견됐기에 테리지노사우루스도 몸이 깃털로 덮여 있었으리라 봐요.

백악기 후기 | 용반목 수각아목

스피노사우루스 *Spinosaurus*

몸길이 최대 14m, 몸무게 최대 7.4t으로 추정하며 지금까지 알려진 수각류 중에서 몸이 가장 길어요. 스트로머가 발견한 모식표본(신종 증거로 삼는 표본)은 뮌헨 고생물학박물관에서 보관하고 있었어요. 그런데 1944년 4월 24일과 25일 밤 동안 영국군이 뮌헨을 폭격하면서 박물관이 파괴됐고 이때 모식표본도 소실됐어요. 이후에도 스피노사우루스 화석이 발견됐지만 모두 조각이어서 연구하기가 쉽지 않았어요. 그러던 2014년, 모로코 고생물학자 니자르 이브라힘이 상태가 매우 온전한 화석을 발견했어요. 이전에 추정해 온 스피노사우루스의 모습을 완전히 바꾸기에 충분했죠.

생김새에서 가장 독특한 특징은 매우 짧은 뒷다리였어요. 너무 짧은 나머지 수각류 중에서는 유일하게 사족보행했을 것이라는 가설까지 제기됐죠. 또 다른 특징은 기이한 신경배돌기(척추 가시)로 길이가 무려 척추체(척추뼈 앞쪽에서 몸무게를 지탱하는 토막 부분) 지름의 10배에 이르렀어요. 신경배돌기가 지방과 근육으로 이루어진 거대한 혹이라는 주장도 있었지만 근육이 붙어 있던 흔적은 발견되지 않았어요. 실제로는 얇은 피부와 근육으로 덮여 꽤 연약해 보였을 거예요. 거추장스러워 보이기까

; 1910년, 독일 고생물학자 에른스트 스트로머는 원정대를 꾸려 이집트로 떠났어요. 원정대는 온갖 고생 끝에 1912년, 거대한 수각류 골격 조각을 발견했죠. 1915년에 스트로머는 기이하게 솟은 척추뼈를 보고 '척추 도마뱀'이라는 뜻인 스피노사우루스라고 이름을 지었어요.

2023년 5월, 스피노사우루스과에 속하는 공룡 이리타토르가 입을 벌릴 때 아래턱 뒷부분이 좌우로 크게 벌어진다는 사실이 밝혀졌어요. 스피노사우루스과에 속하는 모든 공룡이 이런 특징을 공유할 가능성이 커요.

지하는 신경배돌기의 용도는 아직 밝혀지지 않아서 체온을 조절할 때, 돛새치처럼 사냥할 때, 과시할 때 썼다는 등 여러 가설이 나오고 있죠. 또한 신경배돌기 모양도 둥글다거나 M자라거나 하는 등 의견이 분분해요. 2018년에는 온전한 꼬리뼈가 발견됐어요. 지느러미가 달린 것 같은 꼬리뼈를 보고 고생물학자들은 스피노사우루스가 반수생 공룡이었으리라고 추정했어요. 이빨도 악어처럼 물고기를 사냥하기에 알맞고, 스피노사우루스가 발견된 아프리카 켐켐층과 바하리야층은 복잡한 물길과 해안, 갯벌로 이루어져 수생 동물 화석이 매우 많이 나오는 지역이거든요. 2022년 연구 결과, 스피노사우루스의 골밀도가 펭귄이나 고래와 비슷하다는 사실이 밝혀지기도 했어요. 반면 다른 연구에서는 신체 구조가 물속에서 헤엄치며 먹잇감을 쫓기에는 알맞지 않다는 결론이 나왔어요. 다리뼈의 골밀도가 높은 것은 몸무게를 지탱하기 위해서였을 거고요. 지느러미 같은 꼬리 돌기는 과시용이었을 수 있어요. 이런 점으로 미루어 보아 스피노사우루스는 물속이 아니라 물가에서 지냈을지 몰라요.

스피노사우루스

백악기 후기 | 용반목 수각아목
기가노토사우루스 *Giganotosaurus*

; 1993년, 아르헨티나 빌라 엘 초콘에서
듄 버기(사막을 달릴 수 있도록 개조된 차량)를 운전하던
아마추어 화석 사냥꾼이 우연히 정강이뼈를 발견했어요.
이후 모식표본(신종 증거로 삼는 표본)에 해당하는 보존 상태가 좋은 화석도 발견됐죠.
1995년에 고생물학자 로돌포 코리아, 레오나르도 살가도가
'거대한 남부 도마뱀'이라는 뜻인 기가노토사우루스라고 이름을 지었어요.

150

몸길이 12~13m, 몸무게 6~8t으로 추정해요. 한때는 티라노사우루스보다도 거대한 수각류로 알려졌지만 현재는 티라노사우루스와 몸길이는 비슷하고 몸무게는 조금 더 가벼웠으리라 봐요. 모식표본의 보존율이 70% 정도로 높은 편이지만 모식표본과 이빨 몇 개, 아래턱뼈 조각 말고 추가로 발견된 화석이 없다 보니 크기를 정확히 추정하기가 어려워요.

머리뼈 길이는 1.6m에 이르고 입안에는 날카로운 이빨이 가득했어요. 이빨은 톱날 모양에 옆으로 납작했어요. 전형적인 카르카로돈토사우루스과인 기가노토사우루스만의 가장 큰 특징은 끝이 날카롭게 각진 아래턱이에요. 그래서 먹잇감을 물고 늘어질 때 턱 끝에 힘을 강하게 실을 수 있었죠. 기가노토사우루스는 주로 턱 끝으로 먹잇감을 붙잡고 다루었던 것으로 보여요. 또한 턱관절이 뒤쪽에 있어서 턱을 빨리 여닫을 수 있었고, 후두과(뒤통수뼈 관절 부분)가 낮고 넓어서 머리를 양옆으로 빠르게 흔들 수 있었어요. 턱 힘 자체는 티라노사우루스보다 약했을 것 같아요. 기가노토사우루스의 턱과 이빨은 뼈를 부수기보다는 살을 가르는 데에 더 알맞았거든요. 그래서 어떤 고생물학자들은 기가노토사우루스가 자기보다 작은 공룡을 사냥했을 것이라고 봐요. 같은 시대를 살았던 중형 용각류 안데사우루스와 리마이사우루스가 기가노토사우루스의 주된 먹잇감이었을 거예요. 반면 가까운 친척인 마푸사우루스가 무리 사냥을 했을 가능성이 있기에 기가노토사우루스도 무리 지어 거대한 용각류를 사냥했을 것이라 보는 시각도 있어요.

기가노토사우루스

백악기 후기 | 용반목 수각아목

타르보사우루스 *Tarbosaurus*

1946년, 소련-몽골 연합 탐사대는 몽골 고비사막에서 거대한 수각류의 머리뼈와 척추뼈 일부를 발견했어요. 처음에는 티라노사우루스 일종이라고 여겨졌지만 화석이 추가로 발견되면서 별도 종으로 분리됐죠. 1955년에 소련 고생물학자 예브게니 말레예프가 '놀라운 도마뱀'이라는 뜻인 타르보사우루스라고 이름을 지었어요.

몸길이 약 10m, 몸무게 4.5~5t으로 추정해요. 아시아에서 발견된 대형 티라노사우루스과로 머리뼈 길이만 해도 1.3m에 이르고 뼈를 부술 만큼 턱이 강했죠. 처음에는 같은 무리로 오인됐을 만큼 타르보사우루스와 티라노사우루스는 닮았지만 몇 가지 차이점이 있어요. 타르보사우루스는 앞다리가 티라노사우루스보다 작으며 티라노사우루스과 중에서도 몸 크기 대비 가장 작았어요. 또한 티라노사우루스보다 머리뼈 뒤쪽이 좁아 눈은 똑바로 정면을 향하지 않았어요. 완전한 양안시(양쪽 눈에 맺힌 대상을 하나로 인식해 입체적으로 볼 수 있는 상태)가 아니었기에 타르보사우루스는 티라노사우루스보다 시력이 좋지 않았으리라 추정해요. 머리뼈를 바탕으로 한 뇌 연구에서도 시력보다는 후각과 청각이 더 발달한 것으로 나타났고요. 티라노사우루스는 눈물뼈가 융합된 코뼈와 뼈 기둥으로 단단히 연결됐기에 먹잇감을 물 때 머리뼈에 전해지는 충격이 비강에서 눈물샘으로 분산되는 데에 반해 타르보사우루스는 코뼈와 눈물뼈 사이에 뼈 기둥이 없고 연결이 느슨해서 충격이 위턱뼈에서 눈물샘으로 직접 전해졌죠. 대신 타르보사우루스의 위턱뼈, 눈물샘, 이마뼈는 단단히 연결돼 있었고요. 아래턱은 티라노사우루스보다 타르보사우루스가 더 튼튼했죠. 타르보사우루스의 머리뼈가 더 단단한 것은 대형 용각류를 사냥하면서 생긴 적응의 결과라는 의견도 있어요.

1997년, 타르보사우루스의 피부 인상화석이 보고됐어요. 이 자료에 따르면 타르보사우루스의 아래턱 밑에 지금의 군함조처럼 목주머니가 있었던 것으로 보여요. 하지만 화석을 포함한 암석이 너무 무거워 수집되지 못했고 현재는 사라졌어요. 그래서 타르보사우루에게 정말 목주머니가 있었는지는 정확히 알 수가 없어요.

몽골 네메그트 지층에서 머리뼈 15개 이상, 완전한 골격을 포함한 화석 30개 이상이 발견됐어요. 그중 일부는 화석 도굴꾼을 거쳐 개인 수집가에게 불법으로 넘어가기도 했어요. 밀수된 머리뼈가 2007년에는 캘리포니아 경매장에서 23만 달러(약 3억), 2012년에는 뉴욕 경매장에서 100만 달러(약 13억)가 넘는 가격에 낙찰되기도 했어요. 다행히 두 화석 모두 도굴, 밀수 상황이 밝혀져 몽골로 반환됐어요.

2015년, 우리나라에서도 밀반입된 타르보사우루스 화석이 적발됐어요. 2017년, 한국 정부는 화석을 몽골로 반환하기로 결정했고 몽골 정부는 감사의 의미로 타르보사우루스 화석을 한국에서 연구 및 전시할 수 있도록 장기 임대해 줬어요.

백악기 후기 | 용반목 수각아목
메가랍토르 *Megaraptor*

아르헨티나 고생물학자 페르난도 노바스는 파타고니아 지역 포르테수엘로 지층에서 30cm가 넘는 거대한 발톱을 발견했어요. 노바스는 이 발톱의 주인공이 거대한 드로마이오사우루스과 공룡이라고 여겨 1998년에 '거대한 약탈자'라는 뜻인 메가랍토르라고 이름을 지었어요.

몸길이 약 8m, 몸무게 약 1t으로 추정하는 중대형 수각류예요. 몸길이에 비하면 몸무게가 무척 가벼운 편이죠. 포르테수엘로 지층에서 발견된 거대한 발톱은 앞발톱이에요. 비슷하게 앞발톱이 큰 스피노사우루스과보다 더 심하게 휘어 있었어요. 후대의 중대형 수각류 중에서는 유난히 앞다리가 길었어요. 강한 앞다리는 먹잇감을 붙잡을 때 썼을 거예요.

메가랍토르가 속한 메가랍토라 무리는 길쭉하고 날렵한 주둥이와 작은 이빨, 깊고 넓은 흉곽, 강건한 앞다리와 호리호리한 뒷다리가 특징인 매우 독특한 수각류 집단이에요. 이들의 화석은 남아메리카에서 특히 많이 나왔고 호주와 일본, 태국 등에서도 발견되죠. 그러나 대부분 뼛조각 몇 개일 뿐이며 온전한 골격은 아직 하나도 발견되지 않았어요. 이런 탓에 메가랍토라 무리에 관한 정보는 극히 적어요. 카르카로돈토사우루스과, 스피노사우루스과, 알로사우루스상과, 네오베나토르과 등 여러 분류군이 제시됐지만 정확히 어디에 속하는지는 알 수가 없었어요. 그러던 2014년, 새로 발견된 어린 메가랍토르의 머리뼈 부분 화석을 분석해 보니 크기가 작고 단면이 D자인 앞니, 거대한 콧구멍 등 티라노사우루스상과에서 나타나는 해부학적 특징이 발견됐어요. 그래서 지금은 메가랍토라 무리를 티라노사우루스상과의 일종으로 분류하는 편이기는 해요. 물론 이 분류도 아직 정확한 것은 아니고요.

메가랍토르는 최상위 포식자로서 백악기 후기 남반구의 또 다른 최상위 포식자였던 아벨리사우루스과와 경쟁했을 거예요.

메가랍토르

백악기 후기 | 용반목 수각아목

카르노타우루스 *Carnotaurus*

몸길이 7.5~8m, 몸무게 1.3~2.1t으로 추정해요. 주둥이가 높고 뭉툭하며 거친 머리뼈 장식이 있고 앞다리가 매우 짧은 아벨리사우루스과에 속하며 그중에서 가장 거대한 공룡 중 하나예요. 지금까지 화석이 하나만 발견됐지만 다행히 보존 상태가 아주 좋아요. 대형 수각류 중에서 주둥이가 가장 짧으며 눈 위에 있는 거대한 뿔 한 쌍은 케라틴으로 덮여 있었어요. 이 뿔은 힘을 과시하거나 이성을 유혹하는 데에 썼을 거예요. 일부 고생물학자들은 같은 종끼리 뿔을 맞대고 밀어내거나 기린처럼 뿔을 휘두르며 싸웠으리라 보기도 해요. 아래턱은 가늘고 유연하며 입을 빠르게 닫을 수 있었어요. 과거에는 무는 힘이 강하지 않아 주로 작은 먹이를 사냥했으리라고 봤지만 최근 연구에 따르면 생각보다 턱 힘이 세고 강하게 당기는 힘을 견딜 수 있어 큰 먹잇감을 물고 늘어지는 데에 적합했다고 봐요.

뒷다리는 가늘고 길어서 상당히 빨리 달릴 수 있었어요. 시속 48~56km로 추정하는 고생물학자도 있죠. 팔(앞다리)은 흔적이라고 할 만큼 매우 짧아졌어요. 팔뚝 길이가 위팔의 4분의 1 정도로 짧았어요. 손목뼈는 아예 사라졌지만 손톱은 있었을 것으로 보여요. 그래도 어깨 근육이 강해서 어떻게든 짧은 팔을 쓰지 않았을까 추측해요. 다큐멘터리 〈선사시대: 공룡이 지배하던 지구(Prehistoric Planet)〉에서는 팔을 구애할 때 썼다고 해석했어요.

최초로 피부 인상화석이 대량으로 발견된 수각류예요. 얼굴 화석 오른쪽에도 피부 흔적이 있었지만 발굴 과정에서 미처 이 점을 알아채지 못해 아쉽게도 파괴됐어요. 몸은 깃털 대신 작은 다각형 비늘로 덮여 있었으며 녹색이구아나처럼 커다랗고 납작한 비늘이 무작위로 나 있었어요.

1984년, 아마르가사우루스를 발견한 고생물학자
호세 보나파르트와 그의 탐험대는 아르헨티나의
포초 사스트레라는 농장에서 수각류 화석을 발견했어요.
눈 위에 난 커다란 뿔을 본 보나파르트는
1985년에 '육식을 하는 황소'라는 뜻인 카르노타우루스라고
이름을 지었어요.

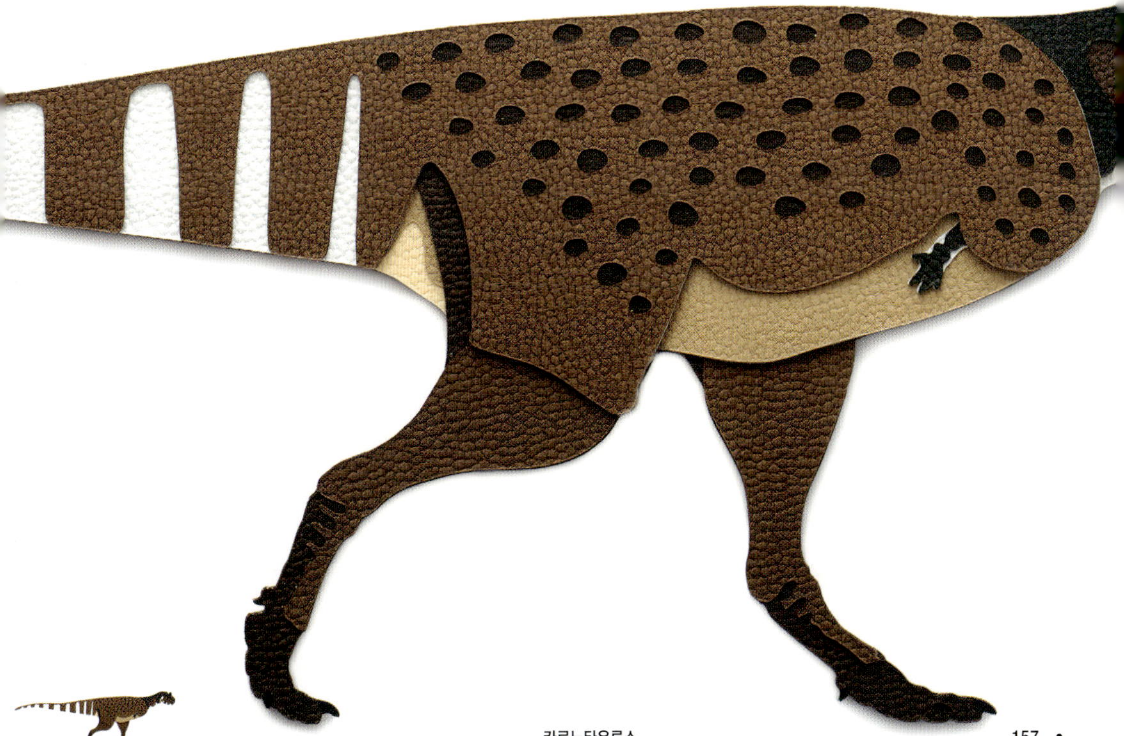

카르노타우루스

백악기 후기 | 용반목 수각아목

티라노사우루스 *Tyrannosaurus*

미국 고생물학자 바넘 브라운은 1900년에 미국 와이오밍주에서
대형 수각류 골격 일부를, 1902년에는 몬태나주 헬크릭층에서
같은 공룡의 골격을 약 34개 발견했어요.
1905년에 미국 자연사박물관 관장이기도 했던 고생물학자 헨리 페어필드 오스본이
헬크릭층에서 발견된 화석에 그리스어로 '폭군 도마뱀'이라는 뜻인
티라노사우루스라고 이름을 붙였어요.
표준국어대사전에는 티라노사우루스로 올라 있지만
라틴어 표기법에 따라 티란노사우루스라고 쓸 수도 있어요.

몸길이는 최대 13m, 몸무게는 8t 이상으로 추정해요. 티라노사우루스과에서 제일 마지막에 등장했고 K-Pg 대멸종(163쪽 참조) 이전까지 살았으며, 가장 널리 알려졌고 인기가 많은 공룡이죠.

지금까지 지구에 존재했던 육상 육식 동물 중 가장 거대해요. 티라노사우루스보다 몸이 더 긴 수각류는 있었지만 몸무게를 능가하는 수각류는 아직 발견되지 않았어요. 머리뼈는 최대 1.5m에 달해요. 씹는 힘은 3~6t으로 추정하며 악어보다 셌죠. 이 정도면 다른 공룡의 뼈와 골편을 부수기에 충분했어요. 이빨은 매우 두껍고 뿌리가 아주 깊어 거대한 바나나처럼 생겼으며 다른 수각류와 달리 단면이 D자 모양이에요. 이빨이 워낙 크고 두꺼우니 먹잇감을 강하게 물고 늘어져도 쉽게 부러지지 않았을 거예요. 앞다리는 1m 정도로 몸집에 비하면 작지만 약 200kg을 들어 올릴 수 있을 만큼 근육이 발달했어요. 먹잇감을 제압할 때나 짝짓기 할 때 썼으리라는 가설도 있지만 수각류는 입으로 대부분 일을 해결할 수 있었기에 앞다리는 그때그때 상황에 맞춰 여러 수단으로 썼을 거예요. 딜롱과 유티란누스 같은 티라노사우루스상과 공룡에게서 깃털이 발견되면서 티라노사우루스에게도 깃털이 있었으리라는 가설이 제기되기도 했어요. 그러나 티라노사우루스를 비롯해 티라노사우루스과에 속하는 다른 친척들의 피부 인상화석에는 아주 작은 비늘 흔적만이 있었어요. 티라노사우루스는 비늘 또는 화석으로 남지 않을 만큼 미세한 솜털로 몸이 덮여 있었을 거예요.

갓 태어났을 때는 보더콜리만 했지만 14살이 되면 몸무게가 1.8t에 이르렀죠. 이후 성장 속도가 급격히 빨라져 4년 동안 평균 600kg씩 몸무게가 증가해 약 20살이면 버스만큼 거대해졌어요. 다만 지금까지 발견된 화석으로 추정해 보면 대부분 30살 이상 살지는 못했을 것 같아요.

1892년, 고생물학자 에드워드 드링커 코프는 거대한 공룡의 척추 2개를 발견했어요. 그는 이 화석의 주인공이 각룡류라 여겼고 마노스폰딜루스 기가스라고 이름을 지었어요. 그러나 이 뼈의 진짜 주인공은 티라노사우루스였죠. 학명은 가장 먼저 지어진 이름으로 써야 하므로 이 규칙에 따르면 티라노사우루스의 이름은 마노스폰딜루스로 바뀌어야 해요. 그렇지만 마노스폰딜루스는 오랫동안 논문이나 대중 매체에서 거의 쓰이지 않았기에 티라노사우루스는 이름을 지킬 수 있었죠. 1905년에 고생물학자 헨리 페어필드 오스본이 디나모사우루스라고 발표한 공룡 역시 티라노사우루스였다는 것이 밝혀졌고 오스본은 티라노사우루스라는 이름을 선택했어요.

활발한 사냥꾼?
시체 청소부?

1917년에 고생물학자 로렌스 램은 티라노사우루스과에 속하는 고르고사우루스의 이빨이 거의 닳지 않았다는 점을 들어 티라노사우루스는 직접 사냥하지 않고 죽은 공룡을 먹었으리라고 주장했어요. 그러나 당시 램은 수각류 이빨이 주기적으로 교체된다는 사실을 알지 못했죠. 2000년대에는 고생물학자 존 호너가 앞다리(팔)가 너무 짧고, 빠르게 달리지 못했다는 점을 들어 로렌스 램과 같은 주장을 했어요. 티라노사우루스는 죽은 동물을 주식으로 삼는 독수리처럼 시각과 후각이 매우 발달했으며, 티라노사우루스처럼 뼈를 부술 만큼 턱이 강한 하이에나 역시 죽은 동물을 주식으로 삼는다는 것을 근거로 들면서요.

미국 고생물학자 토마스 홀츠를 비롯한 여러 고생물학자는 이런 주장을 반박했어요. 우선 티라노사우루스는 앞다리가 짧기는 하지만 발버둥 치는 먹잇감을 붙들 만큼 근력은 충분했어요. 그리고 사냥할 때 앞다리를 쓰지 않는 포식자도 많기에 앞다리 길이로 사냥 능력을 가늠할 수는 없어요. 티라노사우루스는 워낙 무거운 공룡이었기에 영화 〈쥬라기 공원〉에서 묘사된 것처럼 자동차를 쫓을 만큼 빠르게 달리지는 못했을 거예요. 그렇지만 몸집에 비해서는 민첩했고 보폭이 넓었기에 시속 18km는 됐으리라 추정해요. 동시대를 살았던 대형 초식 공룡은 매우 느려서 이 정도 속도만으로도 사냥하기에는 충분했죠. 그리고 어린 티라노사우루스는 타조만큼이나 빠르게 달릴 수 있었고요.

시각과 후각이 뛰어난 것은 사실이에요. 커다란 양쪽 눈은 모두 정면을 향해 있었고, 대형 수각류에서는 으뜸가는 양안시(양쪽 눈에 맺힌 대상을 하나로 인식해 입체적으로 볼 수 있는 상태)로 매나 올빼미에 버금갈 정도였어요. 비조류 공룡 21종과 비교해 본 결과 후각 또한 가장 뛰어났어요. 이런 점은 빼어난 사냥꾼의 자질이죠. 뼈를 부술 만큼 턱이 강했지만 하이에나처럼 골수를 먹으려고 뼈를 씹는 구조는 아니었어요. 그리고 사실 널리 알려진 것과 달리 하이에나도 적극적인 사냥꾼이에요.

티라노사우루스가 살아 있는 공룡을 사냥했다는 것은 티라노사우루스의 먹잇감으로 예상되는 초식 공룡의 화석을 봐도 알 수 있어요. 에드몬토사우루스와 트리케라톱스 등의 화석에서 티라노사우루스에게 물려 생긴 상처가 치유된 흔적이 발견됐어요. 이것은 곧 이들이 살아 있었을 때 티라노사우루스에게 물렸으나 공격에서 벗어나 살아남았다는 것을 뜻해요. 이처럼 모든 화석 증거는 티라노사우루스가 시체 청소부가 아니라 활발한 사냥꾼이었다고 말해요. 물론 오늘날의 사냥하는 육식 동물이 죽은 먹잇감을 마다하지 않듯 티라노사우루스도 상황에 따라 죽은 동물을 먹기도 했을 거예요.

화가 난 공룡이 크게 울부짖었다?

티라노사우루스가 벨로키랍토르들과 한바탕 싸우고서 고개를 들어 포효하는 장면은 영화 〈쥬라기 공원〉의 상징이나 다름없어요. 티라노사우루스가 포효하는 소리는 호랑이와 코끼리 등 다양한 동물의 소리를 합성해 만들어 냈죠. 과연 실제로도 티라노사우루스를 비롯한 공룡들은 이처럼 커다랗게 소리를 질렀을까요? 대부분 네발 동물은 식도와 기도의 교차로인 후두에서 소리를 내요. 인간을 포함한 포유류는 후두에서도 성대를 써요. 과묵한 동물로 알려진 파충류도 사실 포유류의 성대 못지않은 복잡한 발성 기관으로 소리를 내요. 양서류 역시 후두를 이용해 소리를 내죠. 그중 무미류(개구리 무리)는 소리를 증폭시키는 울음주머니까지 있어요. 반면 조류는 후두가 아닌 울대를 써서 소리를 내요. 울대는 기관지가 갈라지는 곳에 있어서 폐에서 나오는 공기를 거의 다 쓸 수 있다는 점에서 성대보다 월등하게 효율이 좋은 발성 기관이에요. 그래서 조류가 포유류보다 더 다채롭게, 오래, 크게 소리를 낼 수 있죠.

공룡은 조류와 아주 가까운 사이이므로 울대가 있었을지도 몰라요. 현생 조류 중에서 가장 원시적인 타조와 레아, 화식조가 포함된 고악류에게 울대가 있다는 점을 봐도 그렇고요. 다만 울대는 매우 섬세한 기관이어서 화석으로 남는 일이 거의 없어요. 백악기가 거의 끝나 가던 시절 남극에서 살았던 베가비스의 화석에서 울대가 발견된 적은 있지만 아쉽게도 베가비스는 계통학적으로 오리나 거위에 더 가깝기에 이것으로 모든 공룡의 발성 기관을 추정하기는 어려웠어요.

그러다 몽골에서 발견된 곡룡류 피나코사우루스의 화석에서 최초로 후두가 확인됐어요. 2023년 발표된 연구 결과에 따르면 윤상연골과 피열연골로 이루어진 피나코사우루스의 후두는 파충류보다는 조류와 더 비슷했어요. 그래서 성문(양쪽 성대 사이의 틈)을 쉽게 열어 공기 흐름을 자유롭게 제어해 크고 복잡한 소리를 낼 수 있었을 거예요. 더욱 정확히 어떤 기관으로 어떻게 소리를 냈는지는 아직 알 수 없지만 이번 발견으로 비조류 공룡도 다채롭게 소리를 냈을 가능성이 더 커졌어요. 다만 영화에서처럼 우렁차게 포효하지는 못했을 거예요. 이렇게 울부짖는 소리는 유연한 설골(목뿔뼈)과 확장된 신체 내부 공간을 거쳐 발생하는 공명으로 나는 것이기에 포유류에서도 소수 종만이 가능해요. 공룡은 악어처럼 설골이 짧았으므로 불가능한 일이죠.

공룡의 끝

　1970년대 초, 미국 지질학자 월터 앨버레즈는 이탈리아 구비오에서 지층을 관찰하다가 이상한 점을 발견했어요. 얇은 점토층을 사이에 두고 아래쪽 백악기 지층에는 유공충 화석이 풍부한데 바로 위쪽 신생대 지층에서는 거의 보이지 않았던 거예요. 이것은 중생대 끝과 신생대 사이에 어떤 일이 일어났다는 증거였죠. 월터와 그의 아버지이자 노벨 물리학상 수상자인 루이스 앨버레즈는 이 얇은 점토층의 생성 기간을 계산하고자 이리듐 양을 측정했어요. 그런데 놀랍게도 이 점토층에서 너무 많은 이리듐이 검출됐어요.

　이리듐은 지구에서는 매우 희귀하고 우주에서는 아주 흔한 원소예요. 이것을 근거로 앨버레즈 부자는 거대한 운석이 지구에 충돌했다는 가설을 세웠어요. 이 가설은 곧 운석 충돌로 공룡이 멸종했다는 가설로 이어졌죠. 그러나 당시에는 이 가설을 증명할 거대 충돌구가 발견되지 않았어요. 운석 충돌 가설에 대한 찬반 논쟁이 격렬하게 이어지던 1990년대에 드디어 멕시코 남동부 유카탄반도에서 지름 180km짜리 충돌구(칙술루브)가 발견됐어요(사실 이 충돌구는 석유를 찾던 지구 물리학자 안토니오 카마르고와 글렌 펜필드가 1970년대 말에 이미 발견했지만, 석유 회사의 압박과 지질학적 증거 부족으로 발견 사실이 제대로 알려지지 않았어요). 이후 멕시코만 주변에서는 광범위한 쓰나미 흔적과 운석 충돌로 생긴 텍타이트(천연 유리질로 이루어진 광물)와 소구체(작은 알갱이) 등도 발견되면서 운석 충돌설에 더욱 힘이 실렸어요.

　한편 운석 충돌 가설이 제기되기 전, 공룡이 멸종한 이유를 놓고 수많은 의견이 분분했어요. 그도 그럴 것이 그토록 거대하고 번성했던 무리가 정말 한순간에 사라져 버렸으니까요. 데칸트랩 화산 폭발이 가장 유력한 원인으로 꼽혔고 갑작스러운 기후나 식생 변화에서 원인을 찾기도 했어요. 공룡이라는 생물 자체가 쇠퇴하던 시기였다거나 감마선 폭발처럼 우주에서 일어난 환경 변화가 지구에 영향을 줬다는 가설도 제기됐죠. 심지어는 포유류가 공룡 알을 전부 훔쳐 먹어서, 식생 변화로 공룡이 전부 변비에 걸려서, 짝짓기할 호수가 사라져서, 외계인에게 납치되어서 라는 등 황당한 주장도 있었어요.

혹은 현재 진행형

운이 없는 날. 공룡에게 그날은 딱 그런 날이었어요.

약 6,600만 년 전 봄, 거대한 운석이 지구를 향해 날아왔어요. 지름이 10km가 넘었던 운석은 지금의 멕시코 유카탄반도에 정확하게 60°로 충돌했죠. 곧 섬광이 하늘을 밝게 비추는가 싶더니 핵폭탄 약 10억 개에 이르는 막대한 에너지가 지구 전체를 강타했어요. 운석은 지각을 뚫고 수십 킬로미터까지 들어갔고 그 자리에는 지름 약 180km짜리 구멍이 생겼어요. 바다에서는 초고층 빌딩보다 높은 쓰나미가 일어났고 허리케인급 돌풍이 대지를 휩쓸었어요. 지구에 가해진 에너지는 강력한 지진과 화산 폭발을 일으켰죠. 과학자들은 이 충격으로 인도 중서부에 위치한 데칸트랩의 용암 4분의 3이 분출됐다고 보기도 해요.

운석 충돌 직후 하늘 높이 올라갔던 암석 중 일부는 우주로 날아갔고 일부는 뜨거운 유리 구슬이 되어 땅으로 떨어졌어요. 지구는 맹렬하게 불타올랐죠. 막대한 연기와 먼지가 하늘로 솟아 태양을 가렸어요. 몇 년 혹은 몇십 년 동안 이어진 춥고 어두운 겨울의 시작이었어요.

먹이 사슬은 아래부터 붕괴됐어요. 단 한 번의 충돌로 지구에 살던 모든 종의 75% 이상이 사라졌어요. 바다를 지배하던 수장룡과 모사사우루스, 고생대 데본기에 출현한 암모나이트, 하늘의 지배자 익룡도 사라졌어요. 비조류 공룡도 모두 이때 사라졌죠. 몸무게가 25kg이 넘는 네발 동물은 하나도 살아남지 못했어요. 이 사건을 K-Pg 대멸종이라고 불러요.

놀랍게도 이 잔혹한 겨울에서 살아남은 종도 많아요. 담수 생태계는 타격을 심하게 입지 않았고 늘 외부 환경에 민감하게 대응해 온 양서류와 파충류도 무사했어요. 멸종의 문턱까지 갔다가 겨우 살아남은 포유류는 심지어 비조류 공룡이 사라진 지구의 주도권까지 거머쥐었어요. 여러 차례 대멸종과 공룡 시대를 겪으며 늘 불안정한 환경에서 살아왔기에 K-Pg 대멸종 이후 환경에서도 빠르게 적응할 수 있었던 거죠.

공룡은 K-Pg 대멸종 이전까지 환경 변화에 잘 적응해 왔기에 생태 지위가 안정적이었는데 오히려 그 탓에 운석 같은 갑작스러운 변화 요인에는 적응하지 못해 멸종했다고 생각하는 고생물학자들도 있어요. 그렇지만 사실 공룡은 사라지지 않았어요.

백악기 초기(약 1억 4,500만 년 전)~현재 | 용반목 수각아목

새 *Aves*

아르카이옵테릭스의 화석 발견, 공룡 르네상스(공룡에 대한 연구 및 대중의 관심이 높아진 시기)를 지나며 현생 조류와 멸종한 공룡의 관계성이 드러나기 시작했어요. 화석 증거에 따르면 창사골(가슴에 있는 V자 모양 뼈)이 있으며 팔(앞다리)이 길고 손가락이 3개이며 손목뼈가 반달 모양인 공룡 무리 마니랍토라에서 오늘날의 새로 이어진 것이 분명해 보였어요. 그러던 1990년대 이후 새와 가깝고 새처럼 생긴 수각류 집단인 파라베스에 속하는 앙키오르니스, 미크로랍토르, 카이홍 같은 공룡 화석이 중국에서 대거 발견되면서 새와 비조류 수각류의 구분이 허물어지기 시작했어요.

중생대 백악기, 새는 이미 하늘을 날고 있었어요. 대부분 소형 조류였던 에난티오르니테스(반대 새라는 뜻)는 현생 참새와 크게 다르지 않았어요. 날개에 발톱이 있고 이빨이 날카롭다는 점, 어깨 관절 구조가 현생 조류와 반대라는 점 정도만 달랐죠. 백악기 후기에는 파타곱테릭스처럼 날지 못하는 새부터 비행에 능숙한 바닷새 익티오르니스를 포함한 에우오르니테스(진정한 새라는 뜻) 무리가 살고 있었어요. 바다에는 가마우지와 펭귄을 섞은 것처럼 생긴 헤스페로르니스 같은 물새도 있었고요. 에난티오르니테스는 멸종을 피하지 못했지만 에우오르니테스 중 일부가 K-Pg 대멸종에서 겨우 살아남아 현생 조류로 분화했죠. 수많은 발견과 연구가 이어지며 창사골과 반달 모양 손목뼈, 양쪽이 뚫린 골반과 직립 자세, 발목 관절의 형태와 공기주머니(기낭)라는 독특한 호흡 체계 등 새와 공룡의 공통점이 꽤 많이 밝혀졌고 이윽고 고생물학자들은 한 가지에 결론에 이르러요. 새는 여전히 수각류에 속한다는 것. 즉 새는 공룡의 후손이 아니라 살아남은 공룡 그 자체예요. 현재 지구에는 1만 종이 넘는 새가 살아요. 포유류 종의 두 배가 넘죠. 대멸종을 견디고 여전히 번성하고 있어요. 그러나 살아남은 공룡은 인간이 지구 지배종이 된 이후로 다시금 고비를 맞았어요. 17세기 이후 인간 때문에 약 130종이 멸종했으며 1,200여 종이 멸종 위기에 처했거든요. 인류세에 일어나는 6번째 대멸종에서 공룡은 다시 한 번 도약할 수 있을까요?

트라이아스기 후기

에오랍토르 *Eoraptor*

플라테오사우루스 *Plateosaurus*

코일로피시스 *Coelophysis*

헤레라사우루스 *Herrerasaurus*

쥐라기

스켈리도사우루스 *Scelidosaurus*

헤테로돈토사우루스 *Heterodontosaurus*

딜로포사우루스 *Dilophosaurus*

메갈로사우루스 *Megalosaurus*

켄트로사우루스 *Kentrosaurus*

스테고사우루스 *Stegosaurus*

티아니울롱 *Tianyulong*

카마라사우루스 *Camarasaurus*

디플로도쿠스 *Diplodocus*

브라키오사우루스 *Brachiosaurus*

아파토사우루스 *Apatosaurus*

에우로파사우루스 *Europasaurus*

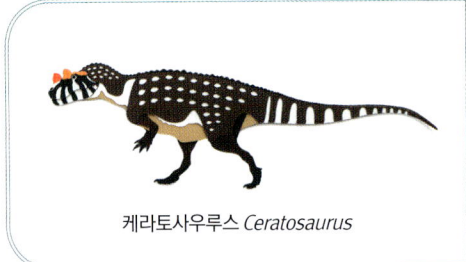
케라토사우루스 *Ceratosaurus*

알로사우루스 *Allosaurus*

토르보사우루스 *Torvosaurus*

구안롱 *Guanlong*

앙키오르니스 *Anchiornis*

아르카이옵테릭스 *Archaeopteryx*

이 *Yi*

킬레사우루스 *Chilesaurus*

백악기

이구아노돈 *Iguanodon*

오우라노사우루스 *Ouranosaurus*

코레아케라톱스 *Koreaceratops*

프시타코사우루스 *Psittacosaurus*

보레알로펠타 *Borealopelta*

아마르가사우루스 *Amargasaurus*

아크로칸토사우루스 *Acrocanthosaurus*

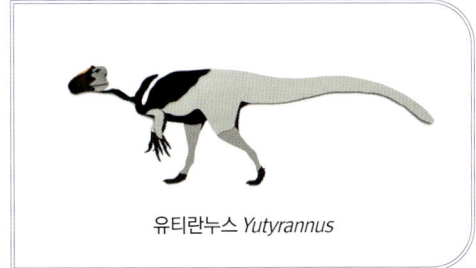
유티란누스 *Yutyrannus*

콩카베나토르 Concavenator

데이노니쿠스 Deinonychus

미크로랍토르 Microraptor

우타랍토르 Utahraptor

시노사우롭테릭스 Sinosauropteryx

카우딥테릭스 Caudipteryx

바리오닉스 Baryonyx

니게르사우루스 Nigersaurus

파라사우롤로푸스 Parasaurolophus

람베오사우루스 Lambeosaurus

마이아사우라 *Maiasaura*

스테고케라스 *Stegoceras*

파키케팔로사우루스 *Pachycephalosaurus*

프로토케라톱스 *Protoceratops*

스티라코사우루스 *Styracosaurus*

파키리노사우루스 *Pachyrhinosaurus*

트리케라톱스 *Triceratops*

카스모사우루스 *Chasmosaurus*

안킬로사우루스 *Ankylosaurus*

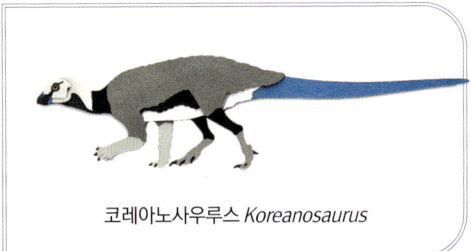
코레아노사우루스 *Koreanosaurus*

아르겐티노사우루스 *Argentinosaurus*

갈리미무스 *Gallimimus*

데이노케이루스 *Deinocheirus*

벨로키랍토르 *Velociraptor*

부이트레랍토르 *Buitreraptor*

할스즈카랍토르 *Halszkaraptor*

오비랍토르 *Oviraptor*

테리지노사우루스 *Therizinosaurus*

스피노사우루스 *Spinosaurus*

기가노토사우루스 *Giganotosaurus*

타르보사우루스 *Tarbosaurus*

메가랍토르 *Megaraptor*

카르노타우루스 *Carnotaurus*

티라노사우루스 *Tyrannosaurus*

국명

갈리미무스	134	에우로파사우루스	48
구안롱	56	오비랍토르	144
기가노토사우루스	150	오우라노사우루스	72
니게르사우루스	102	우타랍토르	92
데이노니쿠스	88	유티란누스	84
데이노케이루스	136	이	62
디플로도쿠스	42	이구아노돈	70
딜로포사우루스	30	카르노타우루스	156
람베오사우루스	106	카마라사우루스	40
마이아사우라	108	카스모사우루스	124
메가랍토르	154	카우딥테릭스	98
메갈로사우루스	32	케라토사우루스	50
미크로랍토르	90	켄트로사우루스	34
바리오닉스	100	코레아노사우루스	130
벨로키랍토르	138	코레아케라톱스	74
보레알로펠타	78	코일로피시스	20
부이트레랍토르	140	콩카베나토르	86
브라키오사우루스	44	킬레사우루스	64
새	164	타르보사우루스	152
스켈리도사우루스	26	테리지노사우루스	146
스테고사우루스	36	토르보사우루스	54
스테고케라스	112	트리케라톱스	122
스티라코사우루스	118	티라노사우루스	158
스피노사우루스	148	티아니울롱	38
시노사우롭테릭스	96	파라사우롤로푸스	104
아르겐티노사우루스	132	파키리노사우루스	120
아르카이옵테릭스	60	파키케팔로사우루스	114
아마르가사우루스	80	프로토케라톱스	116
아크로칸토사우루스	82	프시타코사우루스	76
아파토사우루스	46	플라테오사우루스	18
안킬로사우루스	128	할스즈카랍토르	142
알로사우루스	52	헤레라사우루스	22
앙키오르니스	58	헤테로돈토사우루스	28
에오랍토르	16		

학명

Acrocanthosaurus	82	Kentrosaurus	34
Allosaurus	52	Koreaceratops	74
Amargasaurus	80	Koreanosaurus	130
Anchiornis	58	Lambeosaurus	106
Ankylosaurus	128	Maiasaura	108
Apatosaurus	46	Megalosaurus	32
Archaeopteryx	60	Megaraptor	154
Argentinosaurus	132	Microraptor	90
Aves	164	Nigersaurus	102
Baryonyx	100	Ouranosaurus	72
Borealopelta	78	Oviraptor	144
Brachiosaurus	44	Pachycephalosaurus	114
Buitreraptor	140	Pachyrhinosaurus	120
Camarasaurus	40	Parasaurolophus	104
Carnotaurus	156	Plateosaurus	18
Caudipteryx	98	Protoceratops	116
Ceratosaurus	50	Psittacosaurus	76
Chasmosaurus	124	Scelidosaurus	26
Chilesaurus	64	Sinosauropteryx	96
Coelophysis	20	Spinosaurus	148
Concavenator	86	Stegoceras	112
Deinocheirus	136	Stegosaurus	36
Deinonychus	88	Styracosaurus	118
Dilophosaurus	30	Tarbosaurus	152
Diplodocus	42	Therizinosaurus	146
Eoraptor	16	Tianyulong	38
Europasaurus	48	Torvosaurus	54
Gallimimus	134	Triceratops	122
Giganotosaurus	150	Tyrannosaurus	158
Guanlong	56	Utahraptor	92
Halszkaraptor	142	Velociraptor	138
Herrerasaurus	22	Yi	62
Heterodontosaurus	28	Yutyrannus	84
Iguanodon	70		

 참고자료

딘 R. 로맥스 지음, 김은영 옮김, 왓! 화석 동물행동학, 뿌리와이파리, 2022
스콧 샘슨 지음, 김명주 옮김, 공룡 오디세이, 뿌리와이파리, 2011
스티브 브루사테 지음, 양병찬 옮김, 완전히 새로운 공룡의 역사, 웅진지식하우스, 2020
이융남 지음, 공룡대탐험, 창비, 2000
헨리 지 지음, 홍주연 옮김, 지구 생명의 (아주) 짧은 역사, 까치, 2022

※각 종과 칼럼의 참고자료는 QR 코드 이미지를 스캔하면 볼 수 있어요.